Rens

D1753721

Tekst en receptuur RENS KROES *www.renskroes.com*
Eindredactie TANJA TERSTAPPEN
Art Direction & Design BÜLENT YÜKSEL *www.bybulent.com*
Fotografie lifestyle LISELORE CHEVALIER *www.liselorechevalier.com*
Fotografie assistent DAVID JAGERSMA
Fotografie & styling receptuur LIEKE HEIJN & PIM JANSWAARD *www.cameronstudio.nl*
Culinaire realisatie YVONNE JIMMINK
Productie lifestylefotografie SANDRA DE COCQ
Styling Rens LINDA GÜMÜS GERRITSEN
Visagie SUZANNE VERBERK
Illustraties HYSHIL SANDER
Advies DIËTISTE DAFNA TSADOK-HAI & VOEDINGSDESKUNDIGE GEARTE LEISTRA
Met dank aan K'ook Wormerveer, Shutterstock, West aan Zee Paviljoen Terschelling

ISBN 9789000362486
ISBN 9789000363629 (e-book)

Eerste druk, november 2018

© 2018 Rens Kroes, Media Rens Kroes bv.
@renskroes @renskroes @renskroes @renskroes

© 2018 Nederlandstalige uitgave: Uitgeverij Unieboek | Het Spectrum bv.
Spectrum Lifestyle Boeken spectrumlifestyleboeken

Spectrum maakt deel uit van Uitgeverij Unieboek | Het Spectrum
www.spectrumboeken.nl

Alle rechten voorbehouden. Niets uit deze uitgave mag worden verveelvoudigd, opgeslagen in een geautomatiseerd gegevensbestand, of openbaar gemaakt, in enige vorm of op enige wijze, hetzij elektronisch, mechanisch, door fotokopieën, opnamen, of enige andere manier, zonder voorafgaande schriftelijke toestemming van de uitgever.

Dit boek is bedoeld als naslagwerk, niet als medische handleiding. De verstrekte informatie dient als hulp bij het nemen van afgewogen beslissingen over het eigen welzijn. Het is niet bruikbaar als vervanging van welke medische behandeling dan ook. Raadpleeg bij vragen of lichamelijke problemen een arts. De uitgever en auteur zijn niet aansprakelijk voor nadelige gevolgen die door gebruik van dit boek ontstaan.

RENS KROES

Rens
Mijn lifestyle guide

Met mind & body rituals, Powerfood en
tips voor een bewust leven

Spectrum

INHOUD

Voorwoord — 6

1. Good Vibes — 9
Bewust leven — 12
It's all good, baby — 14
Omarm je kwetsbaarheid — 17
4 DIY's voor instant positivity — 18
   1. Let it be-methode — 18
   2. Wash it away — 18
   3. Maandelijkse intenties — 19
   4. Morning journal — 19

2. Relax — 23
Ontspanning — 26
How to relax — 28
How to recharge — 30
4 DIY's voor instant relaxation — 37
   1. Easy meditation — 37
   2. Nighty-night tea — 38
   3. Checklist voor meer rust — 38
   4. Ademhalingsoefening — 38

3. Food — 43
Powerfood — 46
Druk, druk, druk — 49
3 DIY's voor jouw healthy lifestyle — 53
   1. Powerkitchen — 53
   2. Stappenplan om te beginnen — 58
   3. Powerplanning + Weekschema — 60
Recepten — 64
   - Ontbijt — 67
   - Lunch — 72
   - Diner — 81
   - Sweets & snacks — 89
   - Drinks — 101

4. Beauty — 107
Aandacht voor je lijf — 110
No nasties — 112
Home made — 112
3 DIY's Beauty secrets — 116
   1. My daily beauty routine — 116
   2. Go coco-nuts — 120
   3. More self-love — 123
Recepten — 125
   - Scrubs — 127
   - Face & hair — 128
   - Body — 131

5. Bewegen — 137
I like to move it — 140
Motivatie — 142
Body image — 145
4 DIY's voor thuis — 146
   1. Squats — 146
   2. Single-leg deadlift — 147
   3. Seated Russian twist — 147
   4. Seated spinal twist pose — 148
Pre- & after workout food — 150

6. Home — 153
Een fijne ruimte — 156
Sfeertje — 158
8 recepten voor een fris huis — 161
   - Schoonmaakmiddelen — 161
   - Huisparfum — 169

7. Planet — 171
Toekomst — 174
Voetafdruk — 176
3 DIY's to make a change — 182
   1. Kleine verandering, grote impact — 183
   2. No food waste — 184
   3. Bzzz... — 185

Easy-peasy Detox — 188
Weekschema — 188
Fruity water-recepten — 189
Detoxrecepten — 190

Cleanse à la Rens — 198
Dagschema — 200
Saprecepten — 201

Register — 204
Dankbaar — 207

VOORWOORD

Voor je ligt het boek dat ik zo graag wilde maken. Een boek over meer dan alleen voeding. *Food* is mijn passie, na een reeks kookboeken is dat vast geen verrassing. En ik ben heel blij dat ik veel mensen mag inspireren op het gebied van lekker en goed eten, maar voor een écht gezond en gelukkig leven zijn meer factoren belangrijk.

Ik was een nieuwsgierig kind, en dat ben ik eigenlijk nog steeds. Mijn energielevel, de wisselwerking tussen *body & mind*, zingen en dansen, *self care* en de natuur met al haar mooie processen: ik laat me er heel graag door inspireren. Mijn bewuste, positieve levensstijl opent elke dag mijn hart en dat zorgt ervoor dat ik gelukkig ben.

Opgroeien in Fryslân gaf me het fundament om stevig in mijn schoenen te staan. Ik weet wie ik ben. En bovendien leerde ik daar hoe belangrijk het is om goed voor onze planeet te zorgen. Toen ik verhuisde naar de grote stad, kwamen er automatisch *daily struggles* zoals onzekerheid en stress om de hoek kijken. Daar probeer ik *open minded*, veerkrachtig en vol positieve energie mee om te gaan. Nog steeds. Want net als velen, ben ik altijd op zoek naar een gebalanceerde levensstijl.

RENS - Mijn lifestyle guide bestaat uit zeven key factoren die voor mij een rol spelen in het vinden van balans. Je kunt het in een ruk uitlezen, openslaan bij het onderwerp dat je bezighoudt óf van achter naar voren doorbladeren. Door te laten zien hoe ik mijn leven zo bewust en positief mogelijk inricht, hoop ik jou te inspireren. Ik deel mijn drijfveren, mijn ritueeltjes en de oefeningen die ik dagelijks doe. Zonder dat ik je iets wil opleggen trouwens, of mijn ideeën als waarheid wil verkondigen.

Ik hoop dat je door mijn boek zin krijgt om meer uit jezelf te halen, zonder te streng voor jezelf te zijn. Ik hoop dat het je helpt balans te vinden en je motiveert om goed voor jezelf en je omgeving te zorgen. Dat je het kunt gebruiken als handleiding en het je een steuntje in de rug geeft. Want, ook al ben ik de hoofdfiguur in dit boek, alleen jij kan jouw eigen leven leiden. Niemand anders.

Dus... dit boek is van mij, voor jou.

Liefs, Rens

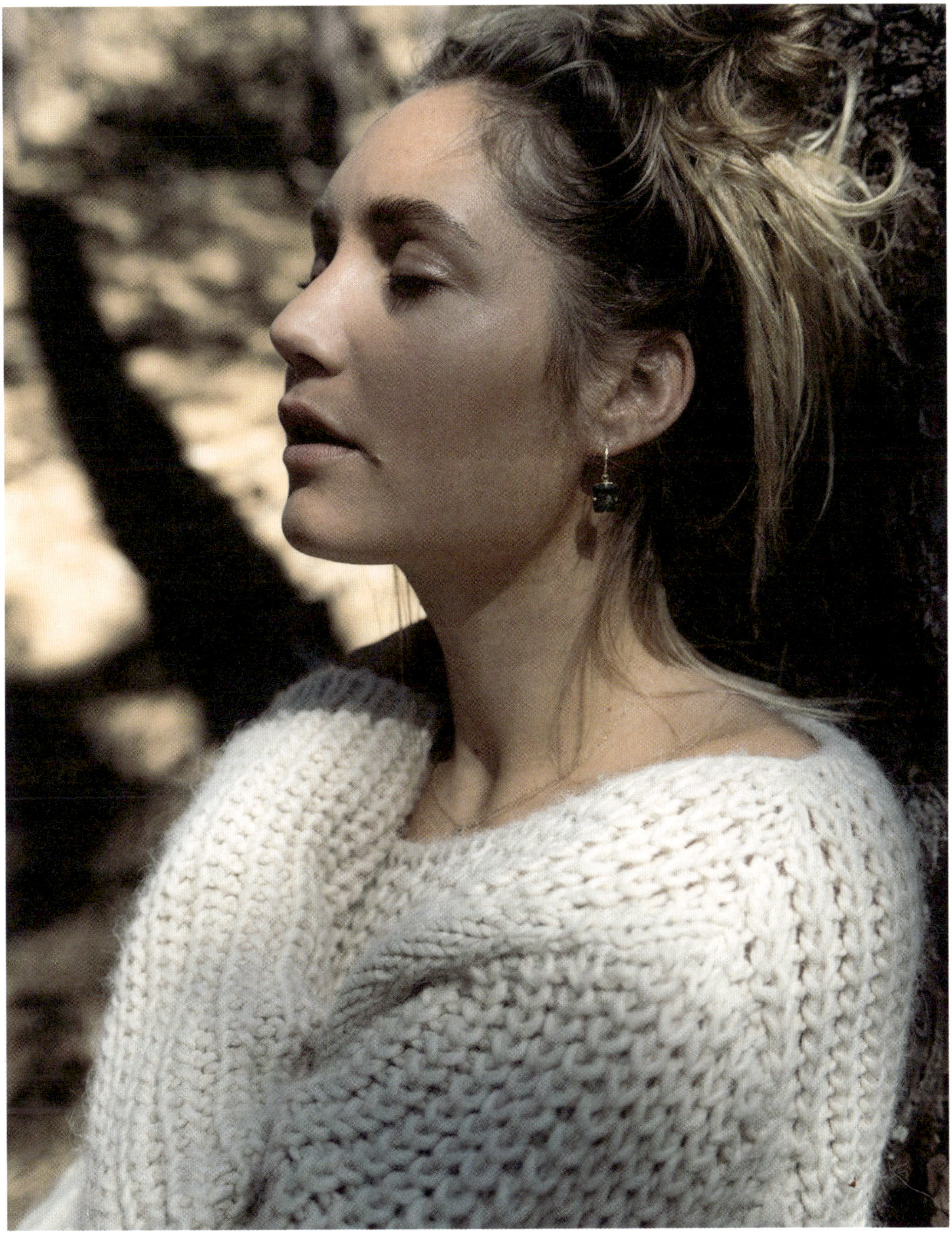

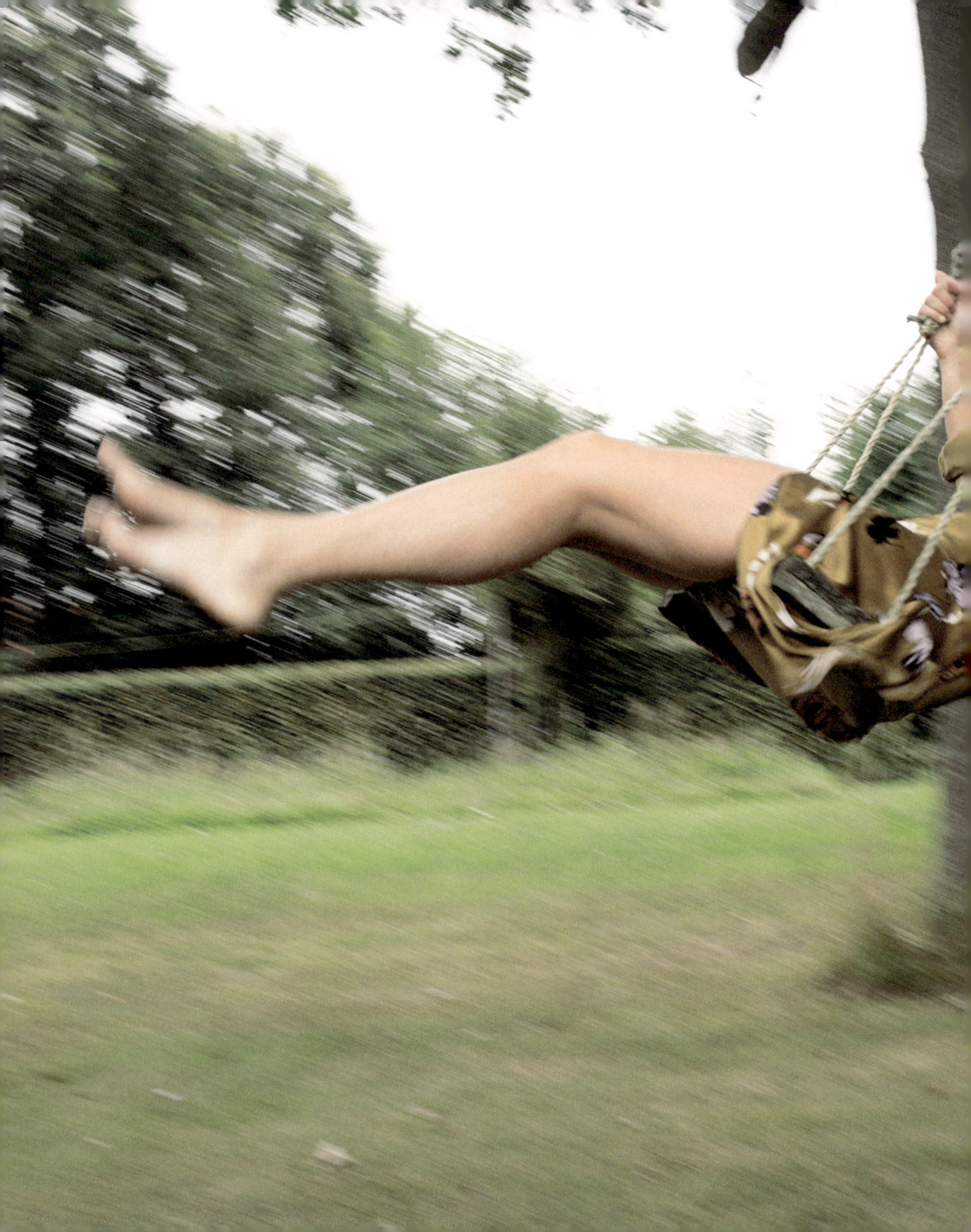

1

GOOD VIBES

Een positieve geest betekent een positief leven. Zweverige taal? Valt mee. Jaren geleden merkte ik hoe negatieve emoties me in de weg stonden en hoeveel lekkerder mijn leven liep als ik positief was. In dit hoofdstuk vertel ik hoe je die *good vibes* voor jezelf creëert door bewust te leven, je gedachten zorgvuldig te kiezen en je kwetsbaarheid te omarmen.

"It's not who you are that holds you back, it's who you think you're not."

Quote - Marianne Williamson

Ik was een *happy kid*. Met mijn ouders en zus groeide ik op in een prachtig Fries landhuisje met een grote tuin en moestuin. Ik kon daar uren bloemetjes en beestjes observeren. 's Winters schaatsten we op de slootjes en ondergelopen weilanden, 's zomers gingen we op zeilvakantie. We klommen in bomen en hadden een mooie hut achter in de tuin. Ons kleine dorp was zo veilig dat ik in het donker prima alleen naar huis kon fietsen. Ik kende weinig angst, ik danste en zong uit volle borst wanneer ik daar zin in had.

Maar, zoals waarschijnlijk veel tieners en twintigers overkomt, die kinderlijke onbevangenheid raakte ik op den duur een beetje kwijt. Ik voelde me soms niet begrepen. Stampvoetend liep ik dan naar mijn kamer om uit te huilen. Ik merkte dat ik in sommige dingen anders was, maar ik wilde er wel graag bij horen. Ik ontmoette nieuwe mensen wier oordeel ik belangrijk vond. En in plaats van op een positieve manier om te gaan met mijn authenticiteit, ging ik me beter voordoen dan ik me voelde. Ik vond mezelf niet goed genoeg, blijkbaar. Ik durfde niet 100% mezelf te zijn, zat daardoor niet lekker in m'n vel en dat had weer effect op mijn zelfbeeld. Hallo, negatieve spiraal.

Nu is alles anders. Ik krijg zelfs van mensen de vraag hoe het komt dat ik zo positief in het leven sta. Het antwoord? Ik heb geleerd mezelf uit die negativiteit te trekken. Rond mijn negentiende begon ik inspirerende boeken te lezen die me hielpen een betere versie van mezelf te worden. Of moet ik zeggen: de échte versie. Ik verhuisde naar New York en leerde mezelf steeds beter kennen. Negativiteit kan onze focus flink vernauwen. Het is een van de meest krachtige manieren om je af te sluiten van kansen, nieuwe ideeën en *good vibes*. Dat wilde ik niet. Ik leerde mezelf aan positief te denken, door alles zoveel mogelijk in een goed daglicht te zien, óók als dingen even niet zo lekker lopen. Zo vond ik dat blije meisje van vroeger terug. Dat gelukkige kind dat geniet van kleine dingen. En met die mindset sta ik nu in het leven.

1
-
GOOD
VIBES

POSITIVE MIND. POSITIVE VIBES. POSITIVE LIFE.

1
-
GOOD VIBES

Bewust leven

Bewust in het leven staan is *key*! Ik eet, denk en doe alles zoveel mogelijk met mijn volle aandacht. Gelukkig hebben mijn ouders mij dit als basis meegegeven. Ik groeide op met het voorhouden van een spiegeltje, zodat ik me bewust werd van mijn handelingen. Al vroeg kreeg ik veel verantwoordelijkheid. Ik ervaarde daardoor dat mijn ouders vertrouwen in mij hadden en dat gaf me zekerheid. Zij leerden me zo mijn eigen keuzes te maken en daarvan pluk ik nu nog steeds de vruchten. Nog elke dag probeer ik met aandacht te kiezen. Als het gaat om eten, maar ook in de omgang met mezelf, met anderen en met de planeet.

Waar ik meer moeite mee had, was bewust omgaan met mijn denkpatronen. Het kan soms best fijn zijn om in een negatieve spiraal te duiken, een beetje te zeuren, te roddelen, te zwelgen of te oordelen. Maar naarmate ik me bewuster werd van de kracht van die negatieve denkpatronen en het effect dat ze hadden op mijn leven, mijn uiterlijk en de omgang met anderen, besloot ik er iets aan te doen. Want als negatieve gedachten dat kunnen, doen positieve gedachten hetzelfde. Maar dan de andere kant op. Bijvoorbeeld. Je wordt wakker, loopt naar de badkamer, kijkt in de spiegel en denkt: Jeetje, wat zie ik er uit vandaag. Of je loopt op straat en denkt: Kijk ze naar mij staren... Ze zien vast die dikke bovenbenen van mij. Herken je dit? Ik wel! En het was niet makkelijk om er vanaf te komen. Ik kreeg dat negatieve stemmetje lang niet uit mijn hoofd. Soms kletste het de hele dag door. Op een gegeven moment dacht ik zo negatief dat ik mezelf een waarheid aanleerde die volkomen onterecht was. Maar door dit in te zien en door te luisteren naar mijn gedachten, heb ik geleerd ze te controleren. Het zijn maar gedachten. En het zijn er elke dag zó veel, dat ik heel bewust probeer te kiezen welke ik volg en welke niet.

HOW TO:
DENKPATRONEN DOORBREKEN

-

Hoe word je je bewust van je gedachten? Heel simpel. *Just listen*. Luister gedurende de dag naar wat je denkt. Op de fiets, tijdens het schoonmaken, achter de computer, als je boodschappen doet... Wat hoor je? Hoe is de toon? Zijn het negatieve of positieve gedachten? Probeer er gewoon eens naar te luisteren zonder oordeel. Het mag er gewoon zijn. Als je dit af en toe doet, merk je dat je je meer bewust wordt van je denken en dat je het makkelijker 'los' van jezelf kunt zien.

It's all good, baby :)

Door me dus bewust te worden van mijn gedachten en de kracht ervan, lukte het me om ze in een optimistische flow te trekken. En *oh yes*, alles ging makkelijker. Maar echt. De omgang met anderen liep soepel, het beeld van mezelf werd positiever en ik begon weer te stralen. Het zorgde dat ik meer zin had om goed voor mezelf te zorgen, om beter te eten, om vaker te sporten, om meer te ondernemen. En *voilà*! Hier sta ik nu.

Dit betekent overigens niet dat ik me nooit rot, boos of verdrietig voel. Al die gevoelens mogen er ook gewoon zijn. Niemand is alleen maar *happy* en *that's okay*! Soms kan het zelfs heel erg opluchten om je over te geven aan een lekkere huilbui. Zéker nu ik mijn eigen business run, ken ik dagen waarop het echt niet allemaal even soepel loopt. Ik heb niet alles in de hand, en natuurlijk kan ik niet alles controleren; mensen met wie je werkt, de omstandigheden of soms zelfs het weer, kunnen je stemming beïnvloeden. Maar ondanks die mindere momenten, lukt het me om te relativeren en negatieve gedachten niet op hol te laten slaan. Hoe? Ik zorg ervoor dat ik het herken, me er bewust van ben en *bad vibes* vervolgens laat varen. Ik geloof dat je aantrekt waarop je je focust, dus dan kan dat maar beter positief zijn toch? Je kunt helemaal zelf kiezen in welke spiraal je wilt zitten. Voor mij geldt dat ik elke dag kies om die blije, speelse versie van mezelf te zijn, zónder negatieve gedachten te negeren. Ik kies er gewoon voor om ze te laten voor wat ze zijn.

1
-
GOOD VIBES

"There is no way to happiness - happiness is the way."

Quote - Thich Nhat Hanh

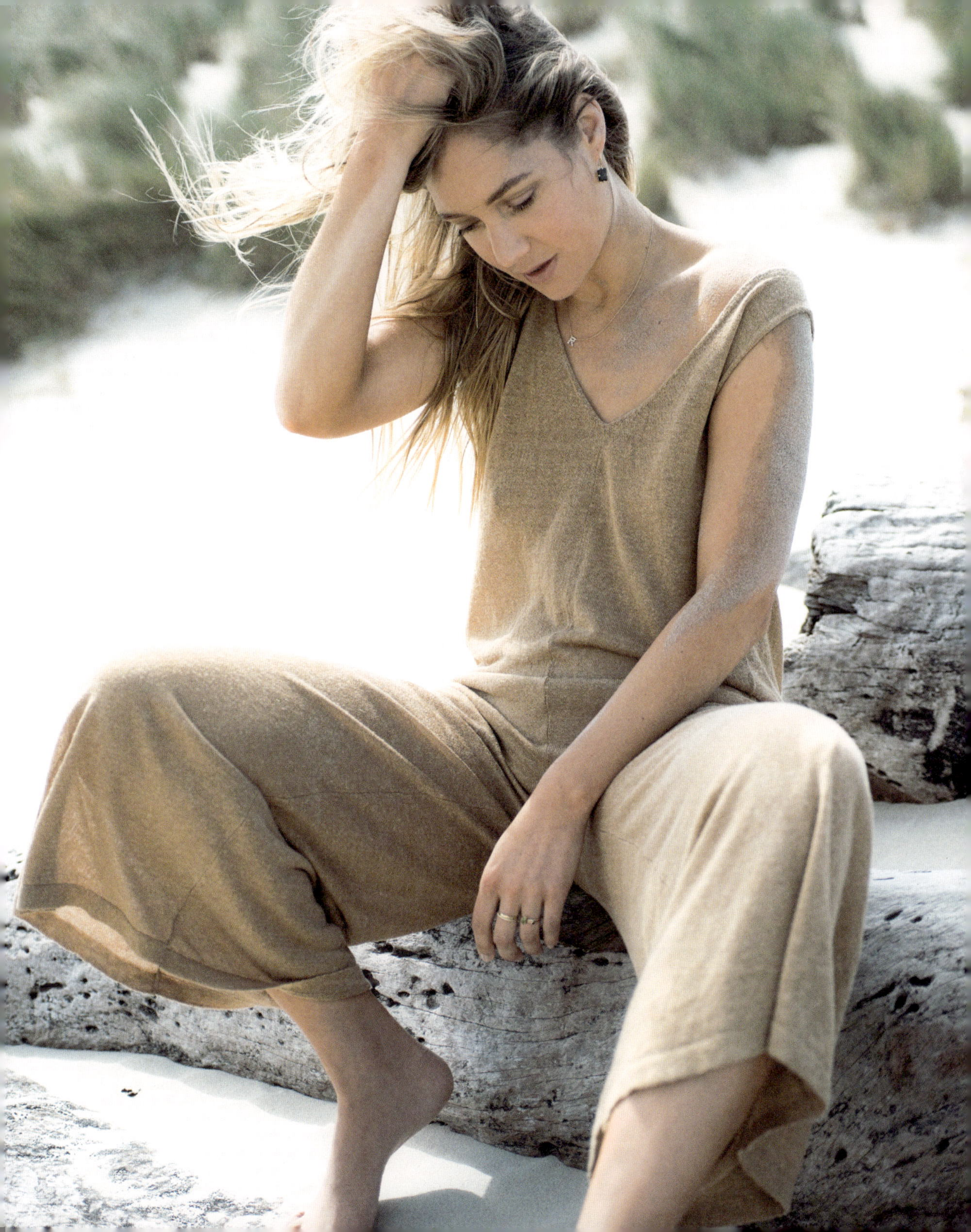

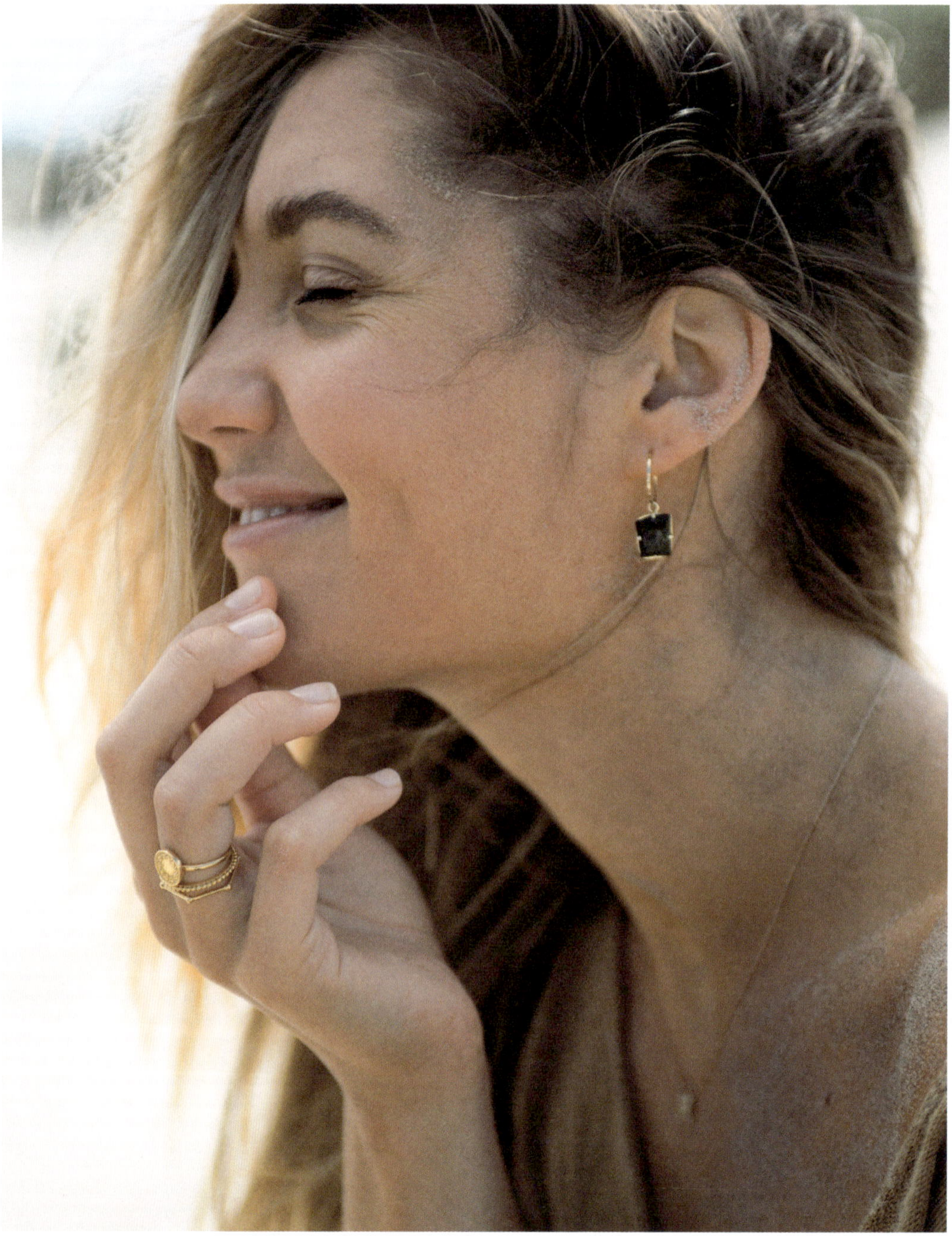

Omarm je kwetsbaarheid

Nog een belangrijke factor voor een positief leven: kwetsbaar durven zijn. De laatste jaren probeer ik zoveel mogelijk met beide benen op de grond te blijven staan en oprecht te zijn in dingen die ik moeilijk vind. Het is een beetje een paradox, maar toch is dat volgens mij precies wat je nodig hebt als je verder wilt komen.

Zo'n tien jaar geleden volgde ik acteerlessen. Ik was arrogant en had moeite om feedback te ontvangen, vond mijn docent. En zo gedroeg ik me misschien ook. Later leerde ik dat ik een muur om me heen had gebouwd die mijn kwetsbare zelf beschermde. Lastig om zo'n masker te laten vallen, want het is hét wapen om in je eigen bubbel te kunnen blijven. Maar het is niet lekker om vanuit angst en onzekerheid te leven. Veel fijner is het om de realiteit in te zien. En zo leerde ik om me kwetsbaar op te stellen. Ik leerde te kiezen voor authenticiteit en te luisteren naar mijn intuïtie. Ik stelde mezelf de vragen: Wie is de echte Rens? Wat maakt mij écht gelukkig?

Omdat ik vaker mijn hart volgde, werd ik zekerder. En omdat ik zekerder werd, kon ik beter feedback ontvangen. En ik durfde écht mijn creativiteit te uiten. Ik ging mijn ideeën over goede voeding opschrijven. Ik vergeleek me niet meer met anderen, maar leefde vanuit wat ík wilde. Daarmee trok ik vervolgens mensen aan die op dezelfde golflengte zitten. Mensen die aansluiten bij wat ik wil bereiken. Negatieve, oordelende of jaloerse mensen laat ik gelijk weer los. Ik focus me nu op de lieve mensen die mij gelukkig maken, die ruim denken en me kracht geven. Daarmee heb ik een *uplifting vibe* gecreëerd. Simpel eigenlijk he?

Natuurlijk weet ik dat ik het allemaal niet perfect doe, maar dat hoeft ook niet. Ik ben blij dat ik nu wél vanuit mijn hart leef. En nog steeds ben ik onzeker, *sure*, maar dat geeft me vooral de motivatie om door te gaan. Zo zie ik het nu. Kwetsbaarheid is geen zwakte, maar juist een teken van kracht.

TO DO'S VOOR GOOD VIBRATIONS

-

Wees je bewust van je levensstijl, overtuigingen, angsten en oordelen.

-

Zet je favoriete muziek op en dans!

-

Breng tijd door met mensen, dieren en op plekken die hoog in energie zitten.

-

Laat je inspireren! Lees boeken, bekijk films of ga naar het theater.

-

Ga bewegen of sporten.

-

Zet je in voor een goed doel.

-

Onderzoek. Wees bewust en stel jezelf vragen. Leer jezelf kennen!

-

Have fun & smile!

1
-
GOOD VIBES

BYE-BYE, BAD VIBES!

4 DIY'S VOOR INSTANT POSITIVITY

1. *Let it be*-methode

Negatieve gedachten loslaten? Voor mij werkt het goed om ze niet te negeren, maar juist te observeren zonder oordeel.

① Ga rustig zitten. Voeten stevig op de vloer en je ogen dicht. Zoom nu bewust uit zodat je van een afstandje naar je gedachten kunt 'kijken'.
② Observeer de gedachten en/of het gevoel, zonder er verder iets mee te willen doen. Wat helpt is tegen jezelf zeggen: 'Oké, blijkbaar denk ik nu: (zelf invullen..)'
③ Laat nu de emoties die in je opkomen (zoals verdriet, jaloezie, woede) toe. Wat doet deze gedachte of dit gevoel met je?
④ Ontlaad door vervolgens te beslissen dat je nu geen behoefte hebt aan deze gedachte en/of dit gevoel.

Hierna ontstaat er een fase waarin ik me opgelucht voel en het allemaal wat realistischer en luchtiger kan bekijken. Het wordt nu makkelijker om door te schakelen naar een positieve flow.

2. Wash it away

Bad vibes spoel je 's avonds letterlijk van je af onder de douche of in bad. Na een dag vol prikkels en input visualiseer ik dat alle emoties en opgebouwde spanning van me afspoelen en door het doucheputje verdwijnen. Voor mij werkt het heel goed om al mijn gedachten even los te laten en met een *clean body* én *mind* de dag af te sluiten.

3. Maandelijkse intenties
-
Elke maand schrijf ik op de dag van nieuwemaan mijn goede intenties op een leeg A4-vel. Het helpt me om in de drukte focus te houden op de juiste mindset. Mochten dingen nu anders lopen dan ik gehoopt had, weet ik dat ik het wél geprobeerd heb met de juiste bedoeling.

How to?
Neem op de dag van nieuwemaan de tijd om je gedachten en wensen voor de komende maand te laten stromen. Dit mag uiteraard ook gewoon op de eerste dag van de maand als je werken met maanstanden te zweverig vindt ;) Stel jezelf de volgende vragen: Wat wil ik deze maand loslaten? Wat wil ik deze maand ontvangen? Schrijf je voornemens op. Dat mag heel concreet. Deel ze eventueel met mensen om je heen als je meer *peer pressure* kunt gebruiken.

Lees je intenties na twee weken terug. Sta er even bij stil, en stuur bij als je focus afwijkt van je intenties.

4. Morning journal
-
Als ik echt *on a roll* ben, maak ik elke dag tijd vrij voor reflectie. Zodra ik wakker word, schrijf ik op wat ik deze dag wil loslaten, waarvoor ik dankbaar ben en waarop ik me die dag wil focussen. Het proces en de energie van het opschrijven versterken de vibratie van mijn plannen. 's Avonds voor ik ga slapen pak ik m'n dagboekje erbij en reflecteer ik.

1
-
GOOD VIBES

Waarom nieuwemaan? Volgens de astrologie zou nieuwemaan staan voor 'nieuw begin'. De energie die de maan uitstraalt kan verlangens en wensen verhelderen. Perfect moment om ze op te schrijven dus.

MORNING JOURNAL

Ik laat dit los...

Ik ben dankbaar voor...

Ik ga mij focussen op...

"The best way to predict the future is to create it."

Quote – Abraham Lincolm

GOOD READS

-

De Kracht van het NU
Eckhart Tolle, Uitgeverij AnkhHermes, 2013

-

De Wet van Aantrekking
Esther en Jerry Hicks, Bet-Huen Books, 2008

-

Geluk zonder voorwaarden
Michael A. Singer, Uitgeverij Ten Have, 2015

-

Terugkeer naar liefde
Marianne Williamson, Uitgeverij De Zaak, 2018

-

The Secret
Rhonda Byrne, Kosmos, 2007

1
-
GOOD
VIBES

HAPPY FOODS

-

Ook je keukenkastjes, koelkast en fruitschaal kun je vullen met *instant* oppeppers. Stress is vaak een van de voornaamste redenen dat je body en mind niet blij zijn. Het lukt mij helaas niet altijd om stress te vermijden, en daarom probeer ik een *positive mind* te stimuleren van binnenuit. Belangrijk hierbij zijn het aminozuur tryptofaan én magnesium, die helpen bij de productie van het *feel good*-stofje serotonine. De volgende voedingsmiddelen kunnen je nét de energieboost geven die de rest van de dag een lach op je gezicht tovert.

Amandelen / Abrikoos / Banaan / Boerenkool (rauw) / Cacao /
Chocolade (puur) / Framboos / Granen (volkoren) / Hennepzaad /
Kikkererwten / Linzen / Paranoten / Pompoenpitten / Pruim / Sesamzaad /
Spinazie / Tahin / Walnoten / Zonnebloempitten

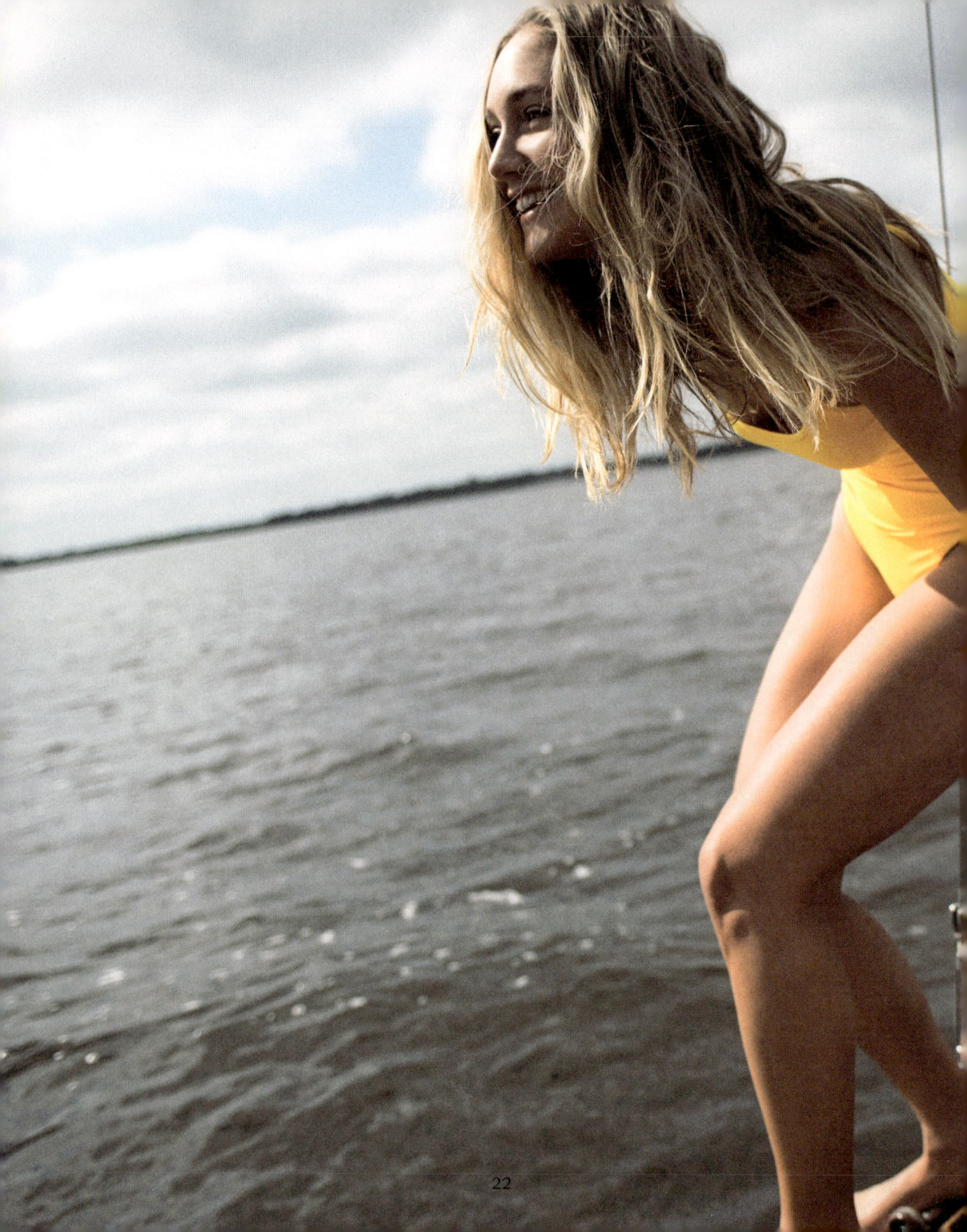

2
-
RELAX

Wie het meest uit zijn of haar telefoon wil halen, moet 'm regelmatig helemaal leeg laten lopen om vervolgens opnieuw op te laden. Dat houdt de kwaliteit goed. Met je eigen batterij is dit niet anders, als je het mij vraagt. In dit hoofdstuk vertel ik hoe je spanning van je afschudt, om daarna *fully charged* weer aan de slag te kunnen.

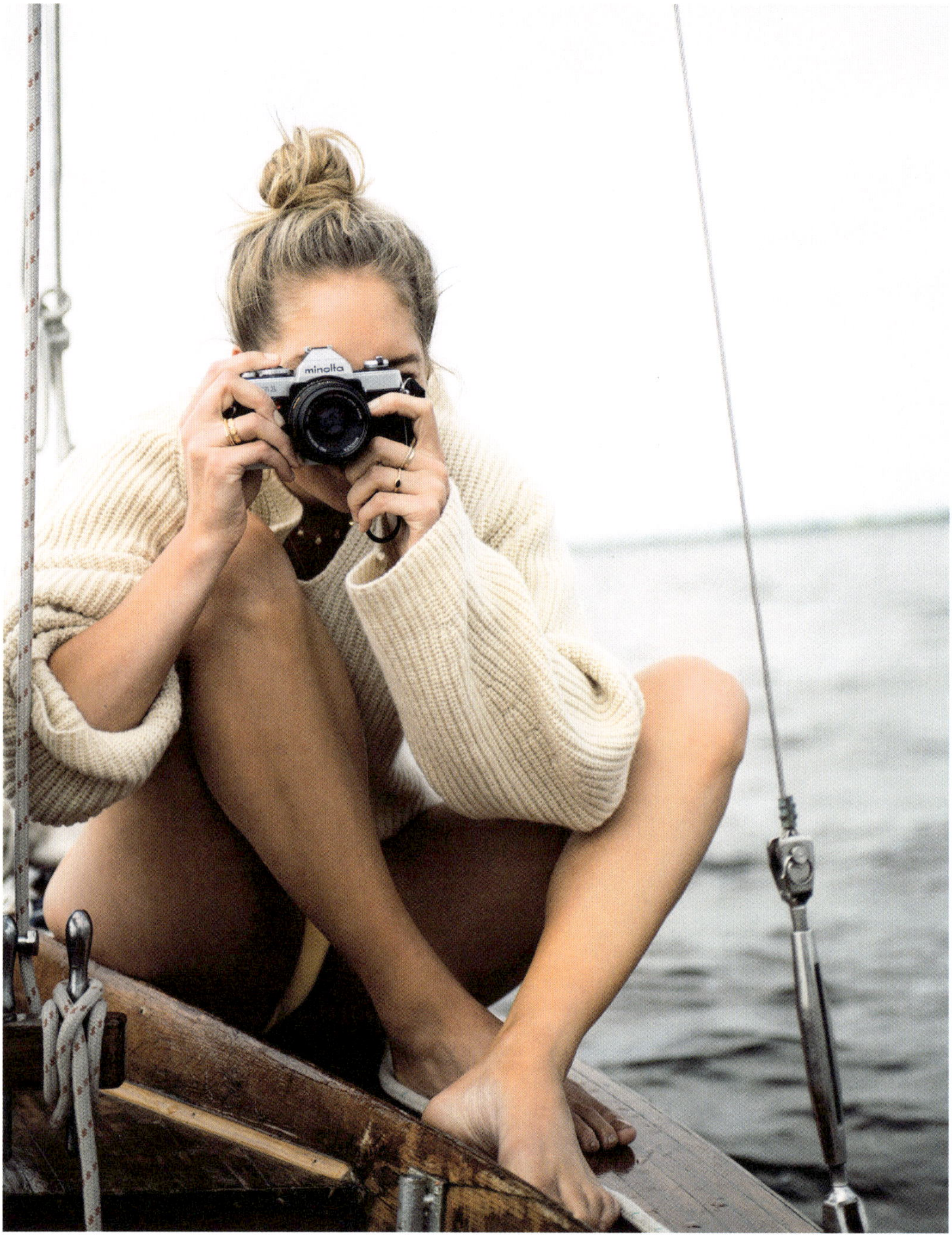
minolta

What if we recharged ourselves as often as we did our phones?

2
RELAX

Het liefst werk ik de klok rond en sta ik continu 'aan'. Eigenlijk heb ik dat altijd al gehad. Na schooltijd sprak ik af met vriendinnetjes of ging ik meteen spelen, huiswerk maken, dingen doen. Mijn vader stimuleerde me altijd om eerst vijftien minuten op de bank te zitten om mijn hoofd leeg te maken. Achteraf realiseer ik me dat dit niets anders dan een vorm van meditatie was. Het hielp me om rustiger en bewuster te worden, maar de gewoonte verdween toen mijn leven drukker werd.

Verhuizen naar de grote stad, een groeiende vriendenkring, de opkomst van social media, mijn eigen bedrijfje: de ruimte voor mezelf werd steeds kleiner. Ondanks de focus van mijn vader op die dagelijkse ontspanning, lukte het me niet zo goed om dat zelf te doen. Elk leeg moment in mijn leven was gevuld. En al die prikkels, informatie en contacten moest ik ergens zien te verwerken. Bovendien voelde ik ook dat de druk om te presteren steeds hoger werd. De stress nam toe en ik begon mijn drukke leven als normaal te beschouwen. Totdat ik langzaam fysieke klachten kreeg. Ik kon niet meer bij mijn ademhaling komen en zat regelmatig te hyperventileren. Ik at meer en ongezonder, om mijn moeheid tegen te gaan. Ik had een kort lontje. *Not good*.

Ik verdiepte me in meer balans in mijn drukke leven. Ik leerde hoe ik me kon ontspannen en vervolgens mezelf weer kon opladen. En ik kwam erachter dat veel meer mensen hiermee worstelen. Doordat ik me nu bewust ben van het feit dat ik af en toe rustig aan moet doen, gaat het ontladen en opladen soepeler. Gedurende de dag heb ik mijn gewoontes om te kalmeren, maar ik neem ook heel bewust langere periodes de tijd om te relaxen. *That's what keeps me going*.

RELAX & RECHARGE

Ontspanning

-

Als je constant 'ON' staat, raakt je lichaam uit balans. Altijd paraat staan betekent dat je steeds in bepaalde mate stress ervaart. En stress doet iets met je lijf. Je voelt vast weleens na een drukke, stressvolle dag dat je schouders vastzitten of je buik opgezet is. Ik merkte het op den duur aan mijn ademhaling en mijn huid. Bovendien kan je lijf reageren met een *fight-or-flight*-reactie, die je schrap zet om de drukte aan te kunnen. Er komt daarbij heel veel adrenaline vrij. Heel handig als je hard moet werken, maar niet fijn als je eigenlijk lekker zou moeten ontspannen. Omdat het welzijn van je lichaam zo in verbinding staat met je psyche, vind ik het belangrijk om te zorgen voor de nodige ontspanning om vervolgens mezelf weer helemaal op te laden.

Heb je net als ik dat je 's nachts weleens ligt te piekeren? Dat komt doordat je moe bent en je brein vatbaarder is voor negativiteit. Voor mij scheelt alleen dit inzicht al de helft! Des te meer reden om het los te laten en lekker te gaan slapen.

7 REDENEN OM VAKER ÉCHT TE ONTSPANNEN

-

Het kan een boost zijn voor je afweersysteem.

-

Een kalme geest is alerter, effectiever en efficiënter.

-

Je kunt beter luisteren naar je lichaam.

-

Je bent positiever, creatiever en meer open-minded.

-

Stress *overwhelmt* je niet meer. Je kunt prikkels beter kaderen.

-

Je maakt minder fouten en kunt dingen beter onthouden.

-

It makes you feel sexy! Als je goed bent uitgerust, zit je lekkerder in je vel. Letterlijk en figuurlijk.

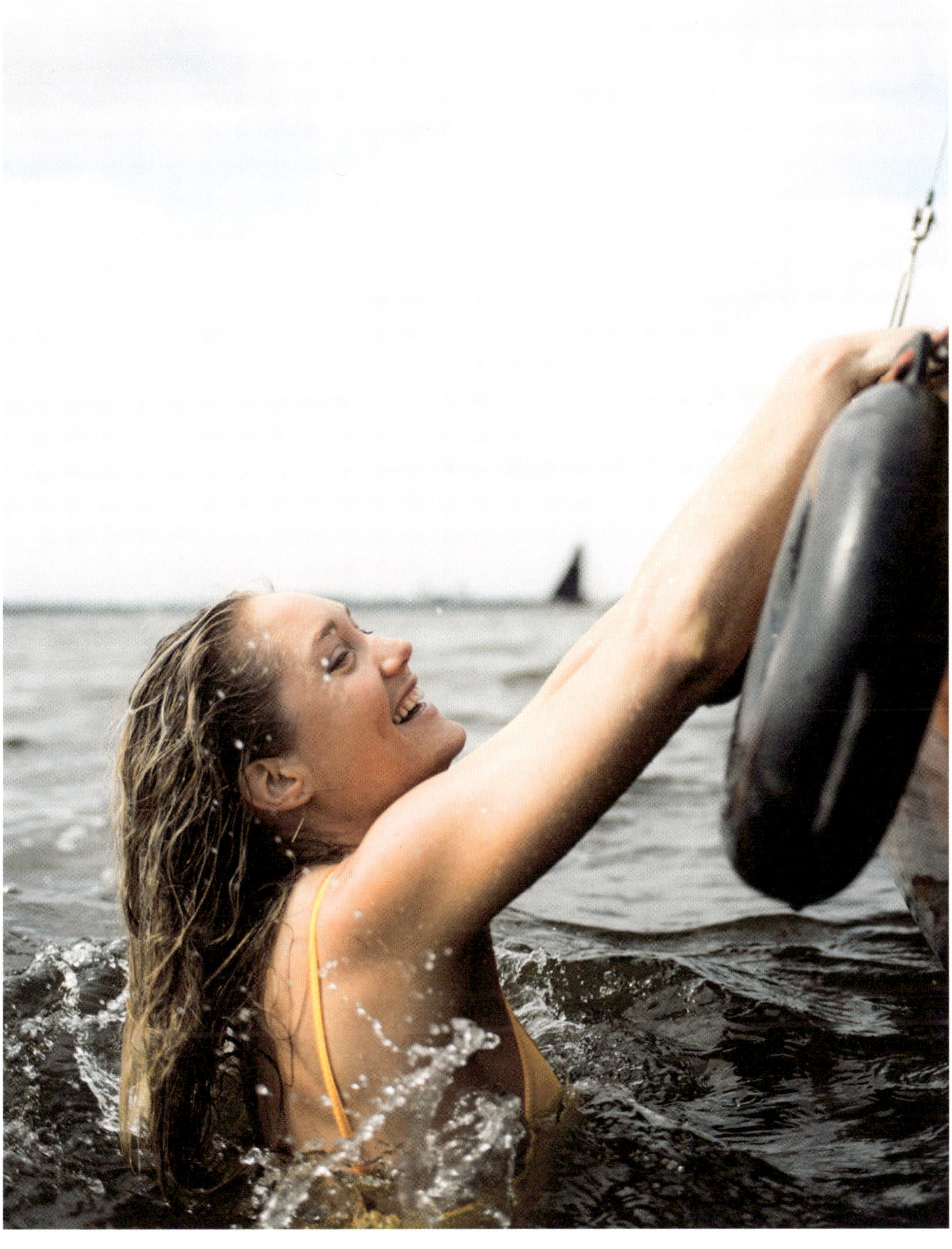

How to relax

To-do list
Drukke dag voor de boeg? Het eerste wat ik op zo'n ochtend doe, is een lijst maken met álles wat ik te doen heb. Van de was tot het voorbereiden van een belangrijke presentatie. Het opschrijven en alles even op een rijtje zetten, geeft het beste effect. Het geeft me overzicht én *instant relaxation* zodra ik een taak kan doorkrassen.

Blote voeten
De mensheid heeft altijd op blote voeten gelopen en op de grond geslapen, totdat we opeens zachte matrassen en schoenen uitvonden. Gelukkig maar, want ik kan niet meer zonder mijn heerlijke bed en *shoe collection*. Maar zodra het kan schop ik mijn sneakers uit en geniet ik van het contact met de Aarde. Op warm zand, koele stenen of een zacht grasveld in het park voel ik de spanning van me af glijden.

Bewegen
Sweat now, shine later. Misschien is dat wel mijn motto tijdens het sporten. Ik sport om in vorm te blijven en m'n conditie te behouden, maar ik neem ook weleens een lesje of ren een rondje door het park om te ontladen. Als ik me gespannen voel, is er niets lekkerder dan me in het zweet werken. De spanning in mijn hoofd laat ik automatisch los en ik zie alles weer in perspectief.

Spijkermat
Tip van mijn moeder! Oké, een echte spijkermat is een beetje too much misschien, maar een moderne acupressuur-mat kan je helemaal in balans brengen. De meer dan 5000 puntjes op de mat stimuleren de zenuwuiteinden en veroorzaken een verhoogde bloedsomloop in je lichaam, waardoor *feel good*-hormonen aangemaakt worden. Dat zorgt voor verlichting van de stress in je lijf, en geeft instant ontspanning. Je kunt plat op de mat gaan liggen, maar 'm ook oprollen voor in je nek of onder je voeten.

Pampering
In New York heb ik een bad. *Lucky me!* Elke zondagavond vind je me daar, samen met een lavendelkaarsje. Ik laat de rest van de wereld even voor wat het is en zorg dat ik mezelf helemaal tot in de puntjes verzorg. Pure ontspanning. Als ik in Amsterdam ben en geen bad tot m'n beschikking heb, maak ik een voetenbadje. Lekker warm water met Keltisch zeezout en het liefst citroen-, mandarijn-, limoen- of lavendelolie voor een verfrissende werking op je *mind*.

Between the sheets
Misschien wel de meest effectieve ontlading die ik me kan bedenken. Seks! Oh la la... Hoe heerlijk is het om helemaal de tijd voor elkaar te nemen. Door strelen, aanraken en kussen komen er *happy hormones* vrij. Om nog maar te zwijgen over wat er gebeurt als je je hoogtepunt bereikt. Je lijf ontspant hierdoor van top tot teen.

Before-bed ritual
Als ik druk ben, wil ik 's avonds het liefst meteen m'n nest induiken. Maar mijn avondritueel brengt me eerst tot rust en helpt me om makkelijker in slaap te vallen. Ik neem een lekkere douche, waarbij ik negatieve energie van me afspoel. Vervolgens verzorg ik mijn lijf, drink mijn thee en lees een boek of neem de dag door met mijn lief.

Mijn fave beauty rituals vind je in hoofdstuk 4.

2 — RELAX

Eens per halfjaar spendeer ik een hele dag in een lekkere spa. Sauna, stoombad, bubbelbad... Na zo'n dag voel ik me tot in m'n poriën schoon en ontspannen.

How to recharge

Food
Opladen doe ik in eerste instantie door goede voeding. Soms is dat een lekker rustgevend theetje, maar het kan ook een groot bord pasta zijn. Nu hoor ik je zeggen: mijn lijf vraagt om pizza! Haha, *sure*. Kan heerlijk zijn zo af en toe. Maar we weten allemaal dat je écht energie opbouwt door de juiste voedingsstoffen binnen te krijgen. *You choose!*

Detox
Eens in de zoveel tijd geef ik mijn lichaam een boost door te detoxen. En dat hoeft niet ingewikkeld te zijn. Soms gun ik m'n lijf rust door drie tot vijf dagen geen vast voedsel te nemen. Zowel mentaal als fysiek laad ik daardoor helemaal op. Maar soms is een detox voor mij zo simpel als een maand alleen maar Powerfood eten, zonder suikers, zuivel en alcohol. Mijn lichaam wordt daar heel blij van en het geeft me mijn energie weer terug.

Meer over Powerfood en detoxen? Ik vertel er álles over in hoofdstuk 3.

Clean air
Omdat ik vooral binnen werk, zit ik soms wat lager in mijn energie. Dit komt door een gebrek aan zuurstof en beweging. Lekker uitwaaien in de natuur doe ik daarom het liefst een paar keer per week. Het geeft me inspiratie en nieuwe energie. Door mijn drukke werkschema komt het helaas meestal neer op sporten in het park. Maar wanneer het kan, ga ik naar het strand of laad ik een weekend op bij mijn ouders in Fryslân. In New York reis ik naar *upstate*, waar de natuur prachtig is.

Slaap
Mijn slaapritme is heilig. Ik ga niet te laat naar bed, het liefst elke dag om dezelfde tijd, en ik zorg dat ik gemiddeld acht uur slaap. Natuurlijk haal ik weleens een nachtje door, of lig ik te piekeren in mijn bed. Maar ik probeer dan de dag erna gewoon mijn ritme weer op te pakken. *And it works!* Na een goede nacht voel ik me als herboren.

> Als je het lastig vindt om in slaap te komen, kan het helpen om van tevoren een boek te lezen (een boek! niet iets op je telefoon ;)), of een meditatie- of ademhalingsoefening (zie pag. 38) te doen. Het helpt je los te komen van nutteloze gedachten en de gejaagdheid in je hoofd los te laten.

2 — RELAX

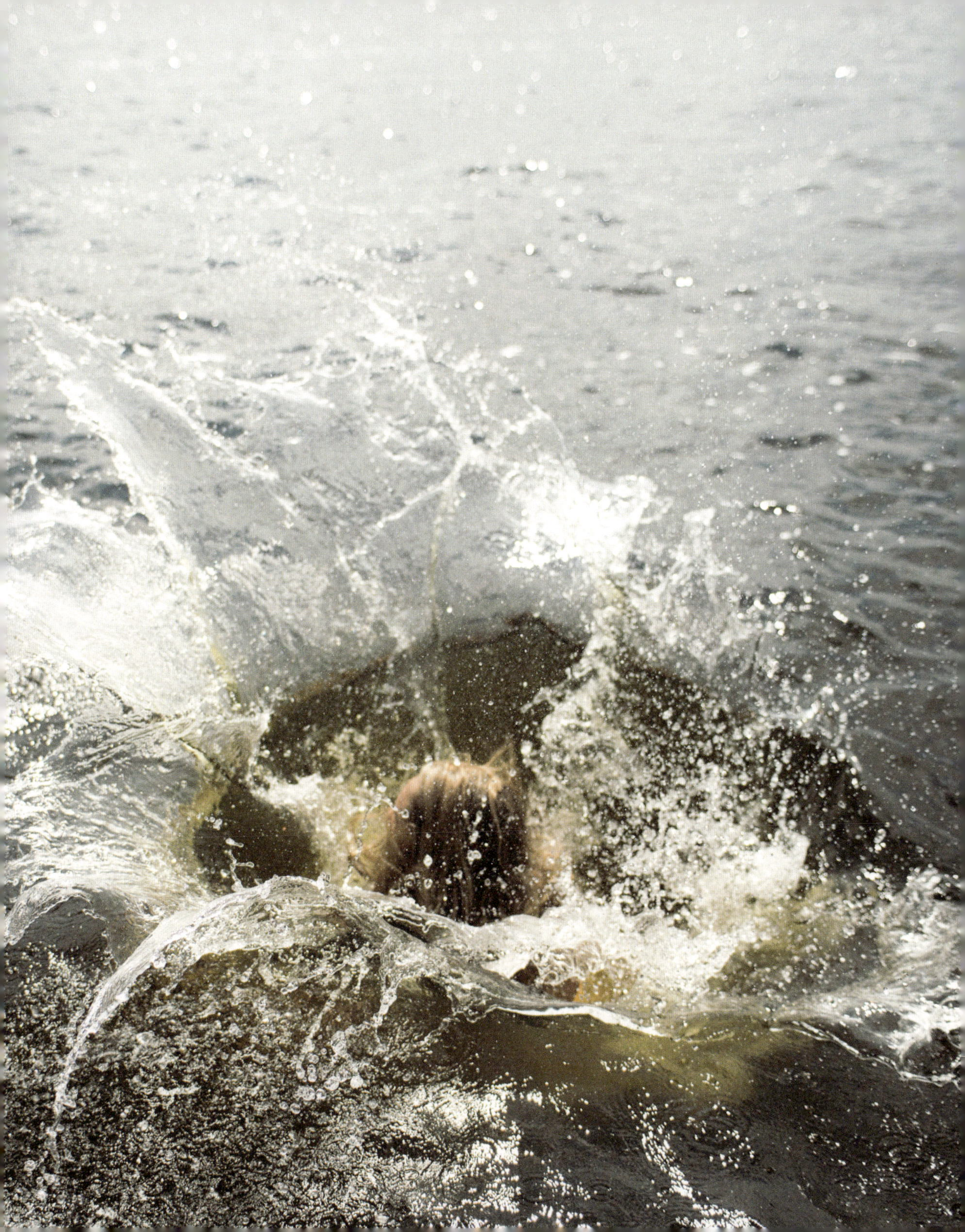

Vitamine D

We zijn niets voor niets heel voorzichtig met zonlicht, maar we hebben de zon ook nodig. Hoe vrolijk word je wakker als de zon schijnt? En hoe lekker is het als je de warmte op je huid voelt? Bovendien maakt ons lichaam vitamine D aan door zonlicht, wat goed is voor sterke botten en tanden én zorgt dat we geluksstofjes makkelijker aanmaken. De zon is voor mij letterlijk een bron om m'n batterij op te laden. Dus! Als de zon schijnt, ben ik zoveel mogelijk buiten te vinden. Wel met mate én met de meest natuurlijke zonnebrandcrème.

Yoga & Meditatie

Mijn opa deed aan yoga. Dat was destijds nogal vooruitstrevend. Mijn oma las tijdschriften zoals *Lichaam & Geest* en motiveerde m'n opa daar meer mee bezig te zijn. Ik zag als klein meisje mijn moeder hathayoga doen: gewoon in de woonkamer deed ze haar oefeningen. Rond mijn twintigste startte ik er zelf mee. De juiste oefeningen laten me van mijn hoofd in m'n lijf zakken, en dat geeft me enorm veel energie. Het duurde even voor ik yoga en meditatie echt kon omarmen en in mijn leven kon passen. Zoals voor veel mensen die rationeel zijn, was voor mij de drempel best hoog. Ik dacht dat het moeilijk was en zweverig. Maar meditatie is niet meer of minder dan je volle aandacht geven aan het huidige moment. En in essentie is dat eigenlijk heel simpel. Het zijn juist onze gedachten en emoties die het leven zo ingewikkeld maken. Ha. Nu ik mijn eigen meditatieritueeltje heb, kan ik niet meer zonder. Natuurlijk is het elke dag weer een uitdaging om je gedachten te laten varen, maar *that's the point*.

Als ik op kantoor of op een feestje stilte zoek ga ik soms gewoon stiekem even vijf minuutjes op de wc zitten. Heel fijn om je los te koppelen van de drukte.

Ademhaling

Als ik het druk heb en veel stress ervaar, merk ik dat aan mijn ademhaling. Ik adem 'hoog' in plaats van door mijn buik. Bovendien is mijn ademhaling oppervlakkig en gaap ik veel. Wat helpt, is dan regelmatig aandacht naar mijn adem te brengen. Met een hele simpele oefening, die ik doe als ik wakker word, op de wc zit of voor ik ga slapen. Het helpt me om mijn ademhaling te kalmeren en zo de juiste energie terug te krijgen. De ademshalingsoefening maakt me bovendien bewust van mijn stress en onrust. Goed ademen is essentieel voor een gezond lichaam en een kalme geest.

Mijn favoriete ademhalingsoefening vind je op pag. 38.

Stilte

Ik word het gelukkigst als ik mijn liefste mensen om me heen heb. Zo gezellig! Maar toch laad ik beter op als ik alleen ben. Al is het maar vijf minuutjes. Ik geloof dat het goed is om je af en toe af te sluiten voor prikkels. Best lastig in een drukke stad, op een druk kantoor of met altijd een telefoon of laptop in de buurt. Maar ik probeer het wel regelmatig. Éven een stapje terug doen. Even alles los te laten, een aantal minuten op de bank te liggen, in stilte op een stoel te zitten, of een rondje te wandelen zonder bestemming. Door heel even uit te zoomen en een pauze in te lassen, merk ik dat ik kan opladen en daardoor nieuwe energie heb om lekker creatief met mijn werk bezig te zijn. Het gaat niet vanzelf en het lijkt af en toe onmogelijk in mijn schema, maar soms is het zó nodig. Je voelt je meteen energieker, en holt minder achter de feiten aan. Even afstand nemen is als een soort reset-knop voor je dag.

2 – RELAX

Breathe in. Breathe out.

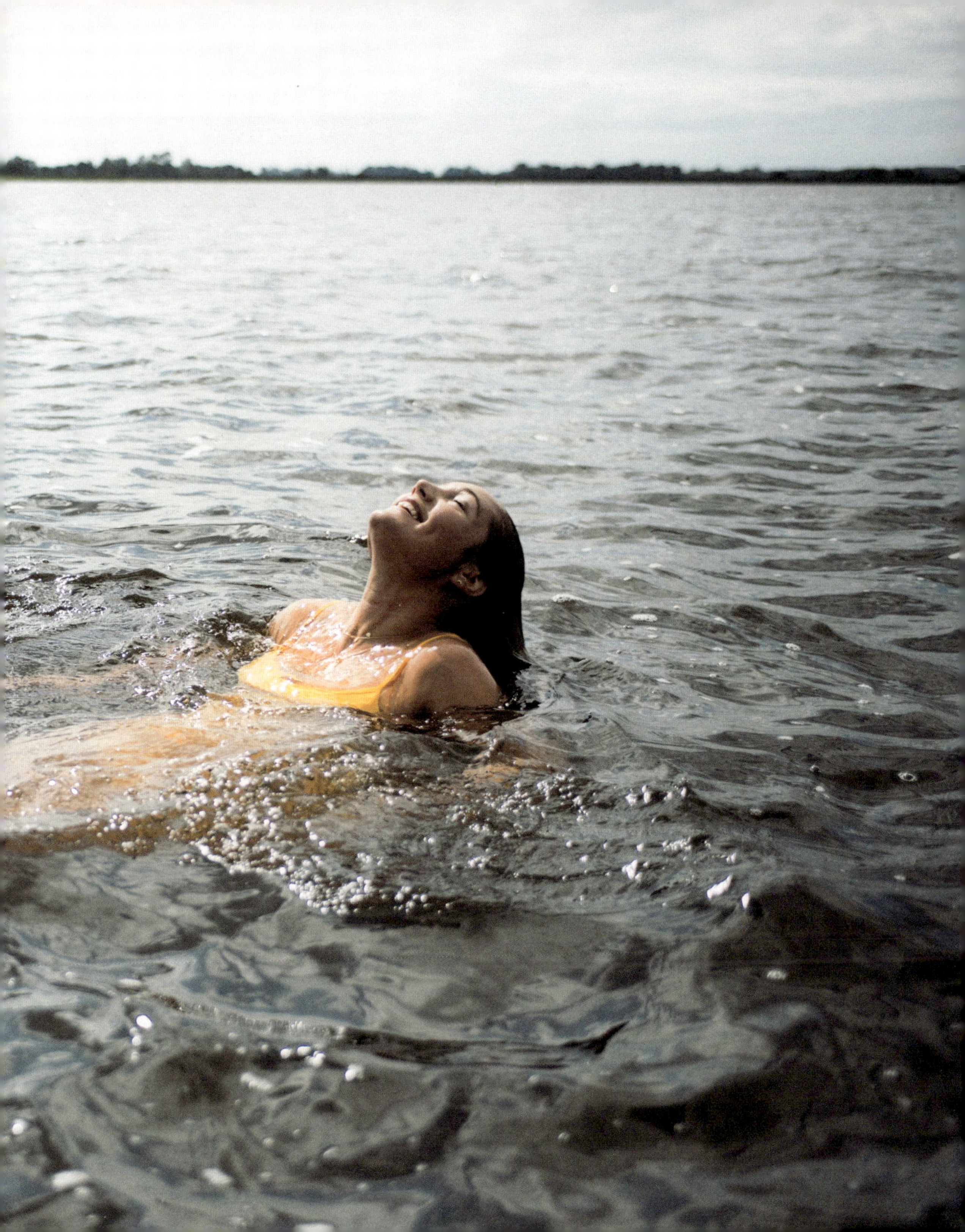

Tijdens mijn meditaties houd ik vaak een kristal in mijn hand. Dit zou helpen een energie te produceren die aanvullend werkt op je meditatie.

CHILL!

4 DIY'S VOOR INSTANT RELAXATION

1. Easy meditation

Iedereen mediteert op zijn eigen manier. Er is niet één manier waarop je het 'goed' doet. Meditatie gaat vooral om het onderzoeken van je binnenwereld. Je observeert wat er in je omgaat. Je gedachten, je gevoel, je emoties… Het belangrijkste is een ontspannen omgeving op te zoeken waar jij tot rust kunt komen.

① Zet een wekkertje op tien minuten. (Je mag ook best met vijf beginnen ;))

② Neem een (voor jou!) comfortabele houding aan. Je hoeft echt niet meteen in lotushouding te leren zitten. Rechtop in een stoel met je voeten op de grond en handen op schoot is ook prima. Of je kunt je meditatie zelfs liggend uitvoeren. Houd je de toppen van je duim en wijsvinger tegen elkaar.

③ Sluit je ogen.

④ Richt je je aandacht op je ademhaling. Waar in je lijf voel je je ademhaling? In je buik of in je borst? Adem je snel? Oppervlakkig of diep? Merk het op. Oordeel er niet over. Alles is oké.

⑤ Adem een paar keer diep in, en lang uit.

Voel hoe de lucht je lichaam binnenstroomt, en merk hoe je tijdens het uitademen steeds dieper en dieper ontspant.

⑥ Vervolgens voer je een bodyscan uit. Begin bij je kruin en 'scan' als het ware naar beneden. Per lichaamsdeel check je wat je voelt. Voelt het zwaar, licht, energiek of juist vermoeid? Je eindigt met je kleine teentjes.

⑦ Terwijl je je langzaam dieper ontspant, zul je merken dat er allerlei gedachten voorbijkomen. Misschien leiden ze je wel af van je meditatie. No worries. Dit hoort erbij! Die gedachten laat je lekker langsvaren. Je hoeft er even niks mee. Als je merkt dat ze je afleiden, richt je aandacht dan simpelweg weer op je ademhaling en pak de bodyscan weer op.

⑧ Als je timer gaat, haal je nog één keer diep adem. Open je ogen en rek je goed uit.

2 - RELAX

2. Nighty-night tea (1,5 liter)

Hard gewerkt? Drukke dag? Schoenen uit, diep in- en uitademen, benen omhoog en een pot van deze thee zorgt voor *instant stress relief*.

~ 15 blaadjes verse citroenmelisse
~ handje verse lavendelblaadjes & -bloemetjes
~ handje verse munt

Schenk 1½ liter water over de kruiden. Laat een paar minuten trekken.

Ook lekker met een beetje honing.

3. Checklist voor meer rust in je leven

~ Zet je telefoon uit na tien uur 's avonds! Leg 'm buiten de slaapkamer en koop een wekker.

~ Stel je taken niet te lang uit.

~ Leef in het moment: *the past is history*.

~ Stel grenzen en zeg wat vaker 'nee'.

~ Ontsnap aan je dagelijkse routine en ga de hort op.

4. Ademhalingsoefening (5 min.)

Als je goed wilt kunnen ontladen én opladen, is het belangrijk dat je op de juiste manier ademhaalt. Je kunt de volgende oefening zittend, staand of liggend uitvoeren. In stressvolle periodes doe ik deze zowel 's morgens als 's avonds. Probeer voor het beste effect het in elk geval zes weken vol te houden.

① Houd je hand tegen je buik en de andere tegen je borst.

② Adem diep in door je neus, zodat je longen vol raken en je middenrif wijder wordt.

③ Adem net iets langer uit door ontspannen lippen.

④ Zorg ervoor dat de hand op je buik op en neer beweegt, die op je borst niet.

⑤ Probeer het ritme van zes tot negen ademhalingen per minuut aan te houden.

2
-
RELAX

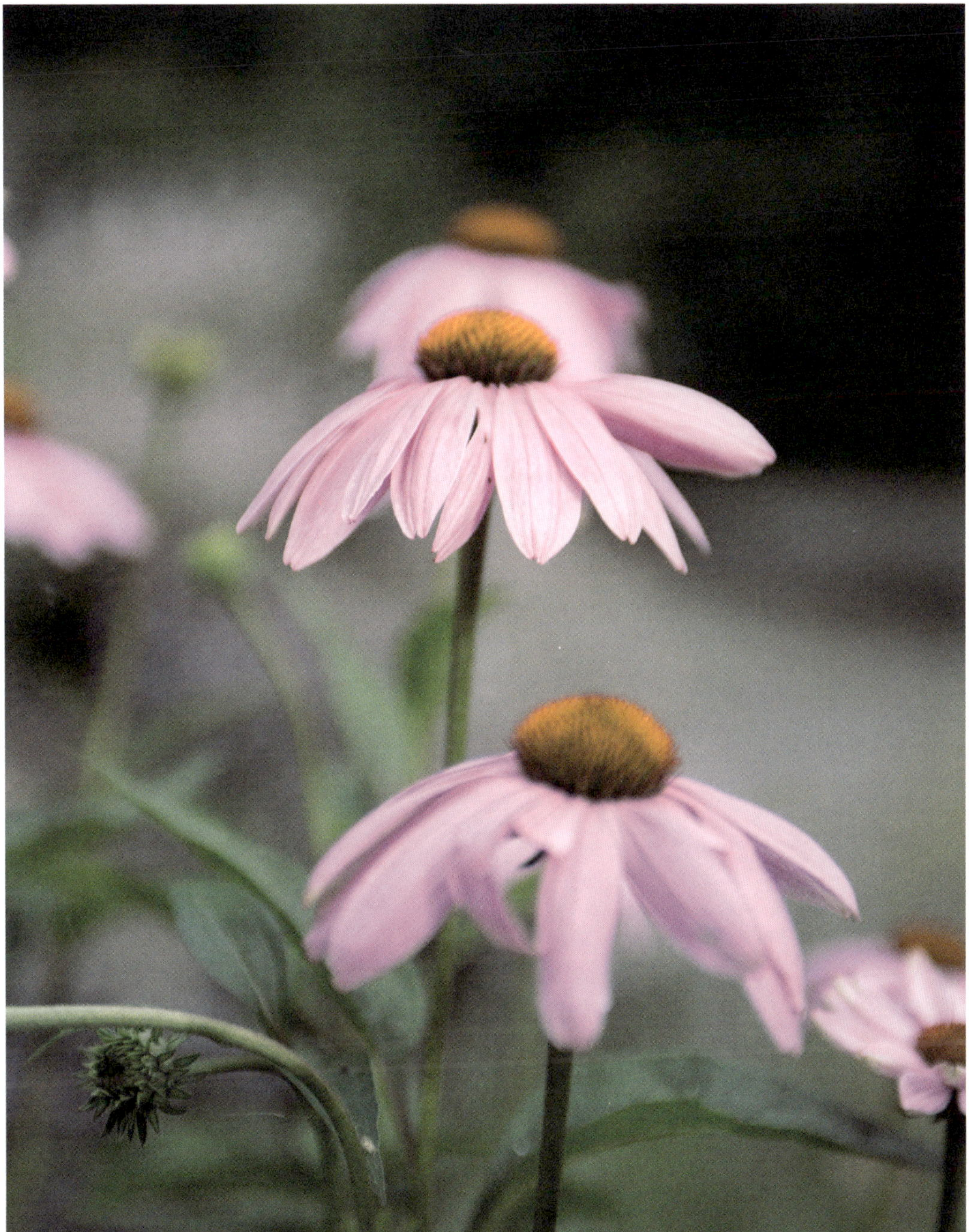

BOEKEN & APPS

-

Leren mediteren in 30 dagen
Tobin Blake, Mana, 2010

-

Meer rust in je hoofd
Karin Bosveld, SimplifyLife, 2014

-

Fijne meditatie-apps
Breath | Buddhify | Calm | Headspace

DIGITAL DETOX

-

Social media hebben mij ver gebracht. De hele wereld is toegankelijk, ik ben bereikbaar voor vrienden en volgers én ik spreek mensen die ik anders nooit zou ontmoeten. Maar social media hebben ook impact op mijn stresslevel. De keerzijde is dat het een overload aan informatie kan geven, dat ik overprikkeld raak en zelfs bijna verslaafd aan 'aan staan'. Door een hele dag mijn telefoon links te laten liggen, doorbreek ik dat patroon. Echt de moeite waard om te proberen! Nadat je drie keer geschrokken in je tas hebt gezocht naar je telefoon, zul je merken dat je ontspant. Het is zó heerlijk om even niét bereikbaar te zijn en je aandacht alleen op het moment te focussen.

ENERGY FOODS

-

Je hebt van die dagen waarop je alleen maar aan het rennen en vliegen bent. Misschien vergeet je te eten of kies je voor een ongezonde hap die je snelle energie oplevert. Een dip is dan onvermijdelijk. Het liefst kies ik voor onderstaande voedingsmiddelen, die me de hele dag genoeg energie geven.

Voor de instant boost:
Vers of gedroogd fruit (zoals bananen, bosbessen en dadels), pure chocolade en noten, maar ook een lekker koffietje (zie recept op pag. 102)

Voor long-lasting energy:
Bonen / Gierst / Havermout / Kikkererwten / Linzen / Quinoa / Rijst (bruine) / Spelt (volkoren)

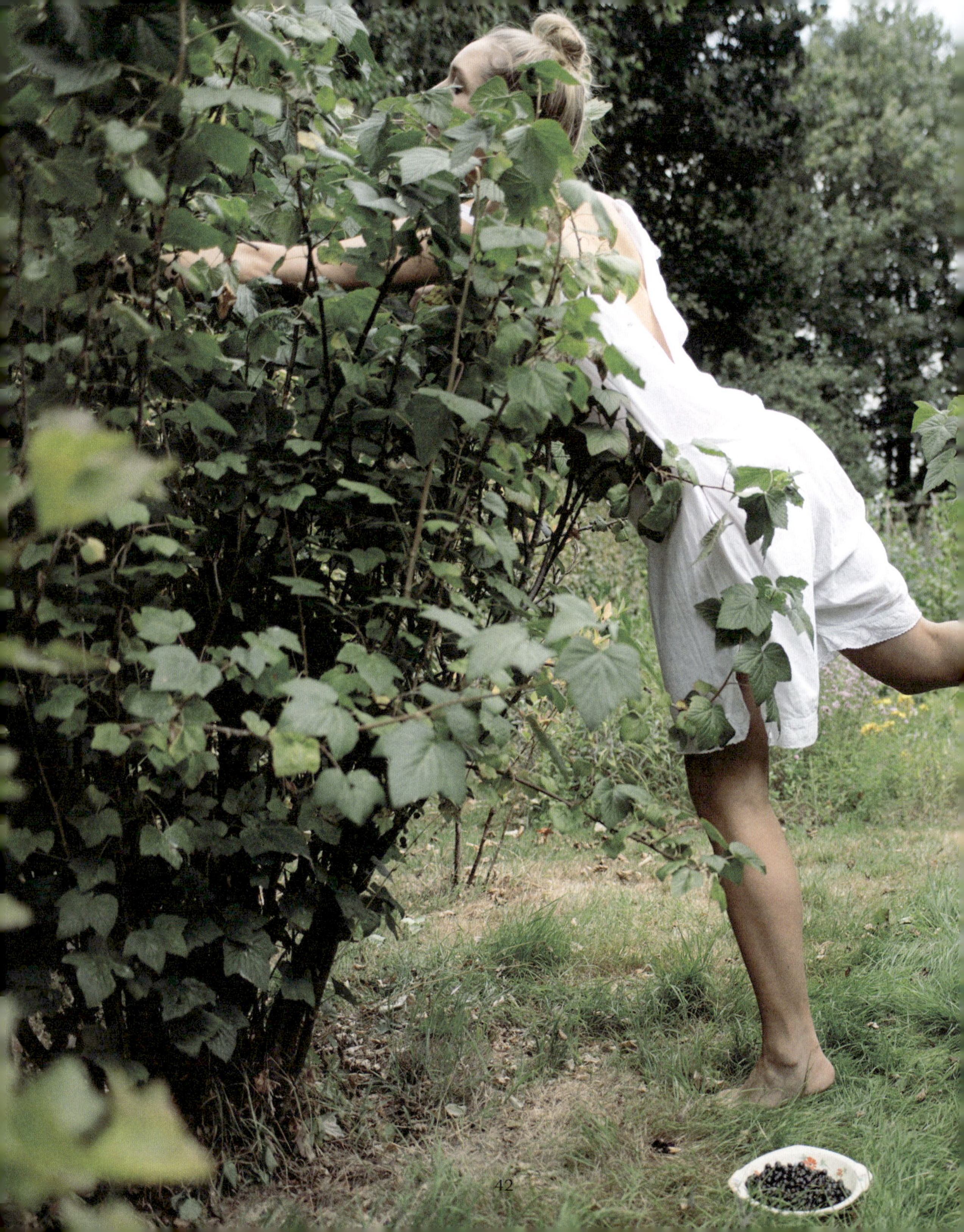

3

FOOD

Eten is mijn passie. Verse producten, gezonde recepten, weekschema's, koken voor vrienden, maar ook de discussie over wat wel of niet 'goed' is. Eten is voor mij de basis van wat ik doe en de motivatie achter mijn bewuste manier van leven. In dit hoofdstuk deel ik mijn visie op gezonde voeding en mijn tips & tricks en recepten, zodat je jouw *healthy lifestyle* kunt kickstarten.

"Good food is wise medicine."

Quote - Alison Levitt M.D.

Om uit te kunnen leggen waar mijn *love for food* vandaan komt, moeten we terug in de tijd. Mijn beppe ('oma' in het Fries) groeide op in een bakkers-kruidenierswinkel in een klein Fries dorpje, waarvan haar vader eigenaar was. De winkel werd overgenomen door zijn zoon, ome Ids. Beiden stonden bekend om het zuurdesembrood dat ze bakten, en ze verkochten de lekkerste haverkoeken in het dorp. Beppe trouwde met mijn pake ('opa' in het Fries), die in de jaren dertig in Fryslân zijn vaders boerderij had overgenomen. In de jaren zestig ontwikkelden boerenbedrijven zich steeds meer richting bio-industrie. Beppe had daar zo haar vraagtekens bij en motiveerde pake om over te stappen naar biologische landbouw. Nogal vooruitstrevend voor die tijd, maar pake volgde haar visie. Eind jaren zeventig stopten ze helemaal met veeteelt en verbouwden ze alleen nog groenten, fruit en kruiden.

Hun dochter, mijn mem ('moeder' in het Fries), ging rond haar achttiende de verpleging in, uit fascinatie voor het menselijk lichaam. Ze ontdekte dat in het ziekenhuis veel aandacht was voor medicatie, maar zeer weinig voor voeding. Dat maakte haar nog bewuster in haar keuzes. Ze begon zich te verdiepen in de rol van de voeding bij bepaalde ziekten.

Het zal vast geen verrassing zijn dat er bij ons thuis vooral plantaardig, biologisch en puur gegeten werd. Mijn ouders deden boodschappen bij de winkel van mijn oom en we hadden onze eigen kruiden- en groentetuin. In het najaar oogstten we boerenkool, spruiten, prei, winterwortel, andijvie en aardappelen. En in de zomer stond de tuin vól met fruit en zomergroenten. We aten paardenbloemblad (goed voor de lever) en brandnetels (hoog ijzergehalte) en kregen ook bijenpollen, spirulina en zeewier voorgeschoteld.

'Goede voeding' is een relatief begrip. Daar geloof ik in. Er is niet één manier om gezond te eten. Iedereen heeft zijn eigen cravings, behoeftes en gewoontes. Bovendien is elk lichaam anders en dat maakt dat het per persoon totaal kan verschillen wat je nodig hebt. Met de jaren heb ik mijn eigen visie op voeding ontwikkeld. Door mijn opvoeding en natuurlijk ook door de ontwikkelingen binnen de voedingsindustrie, heb ik een eigen mening gevormd. De kennis over eten die ik van huis uit heb meegekregen, heb ik kunnen updaten en uitbreiden. Maar de kennis die ik van mijn grootouders en ouders heb geleerd houd ik altijd in mijn achterhoofd. Het hoeft allemaal niet zo ingewikkeld te zijn. Juist niet. Hoe 'puurder', oftewel hoe minder toevoegingen en hoe natuurlijker het eten, hoe beter. Dat is wat ik leerde, en dat is wat ik zo graag met jullie wil delen. Ik zeg niet dat mijn visie de enige waarheid is, maar voor mij is dit wel dé manier van eten en leven die mij zo gelukkig maakt.

3 · FOOD

EAT GOOD. FEEL GOOD.

Powerfood

First things first. Eten betekent voor mij: genieten. Genieten van koken, genieten van smaken, genieten met mensen om je heen en genieten van de energie die de juiste voeding je geeft. Ik geloof dat het goed is om precies te eten waar je zin in hebt. Als ik écht goed luister naar mijn lichaam en goed observeer waar het van opleeft, energie van krijgt en happy van wordt, kan ik bijna niet anders dan natuurlijk en plantaardig eten. Uiteraard kan ik intens genieten van een suikerrijke tompouce of een zak patat met mayo, maar dat is vooral mentaal.

Ik kies daarom in mijn recepten voor Powerfood – niet te verwarren met de veelbesproken 'superfoods' – dat staat voor 'puur eten'. Simpel eten met zo min mogelijk kunstmatige toevoegingen. Zo'n zes jaar geleden ontwikkelde ik deze term. Powerfood is voor mij voeding met een positief effect op mijn lichaam en mijn gezondheid. Voeding waarvoor mijn lichaam een dansje doet.

Elk lichaam wordt het meest blij van producten die de juiste voedingswaarde bevatten. Maar die 'juiste voedingswaarde' is voor iedereen anders. Sommige mensen hebben baat bij wat meer of minder van een bepaald ingrediënt, of deleten bepaalde producten uit hun dieet om gezondheids- of milieuredenen. Het is daarom erg moeilijk om te zeggen wat wel of niet gezond is, maar ook wat nou het beste is voor iedereen. Sterker nog: dat is onmogelijk. Waar ik mij goed bij voel, hoeft niet zo te zijn voor een ander.

PLANTAARDIG, BIOLOGISCH, SEIZOENSGEBONDEN

Mijn voedingspatroon bestaat uit vers of zoveel mogelijk plantaardig eten. Als hoofdingrediënt kies ik groente en/of fruit, en ik voeg zo min mogelijk dierlijke producten toe. Ik voel me hier fitter bij en ik zie de voordelen voor het milieu. Precies daarom kies ik ook het liefst voor lokale en seizoensgebonden producten, al experimenteer ik ook graag met ingrediënten uit andere landen en culturen. Ik eet zoveel mogelijk biologisch, omdat ik biologische landbouw wil steunen en denk dat chemische bestrijdingsmiddelen simpelweg niet goed zijn voor de natuur en onze gezondheid.

Soms gun ik mijn lichaam de rust en reiniging van een lekkere detox. Mijn twee favoriete detoxschema's vind je op pag. 188-189 en 200.

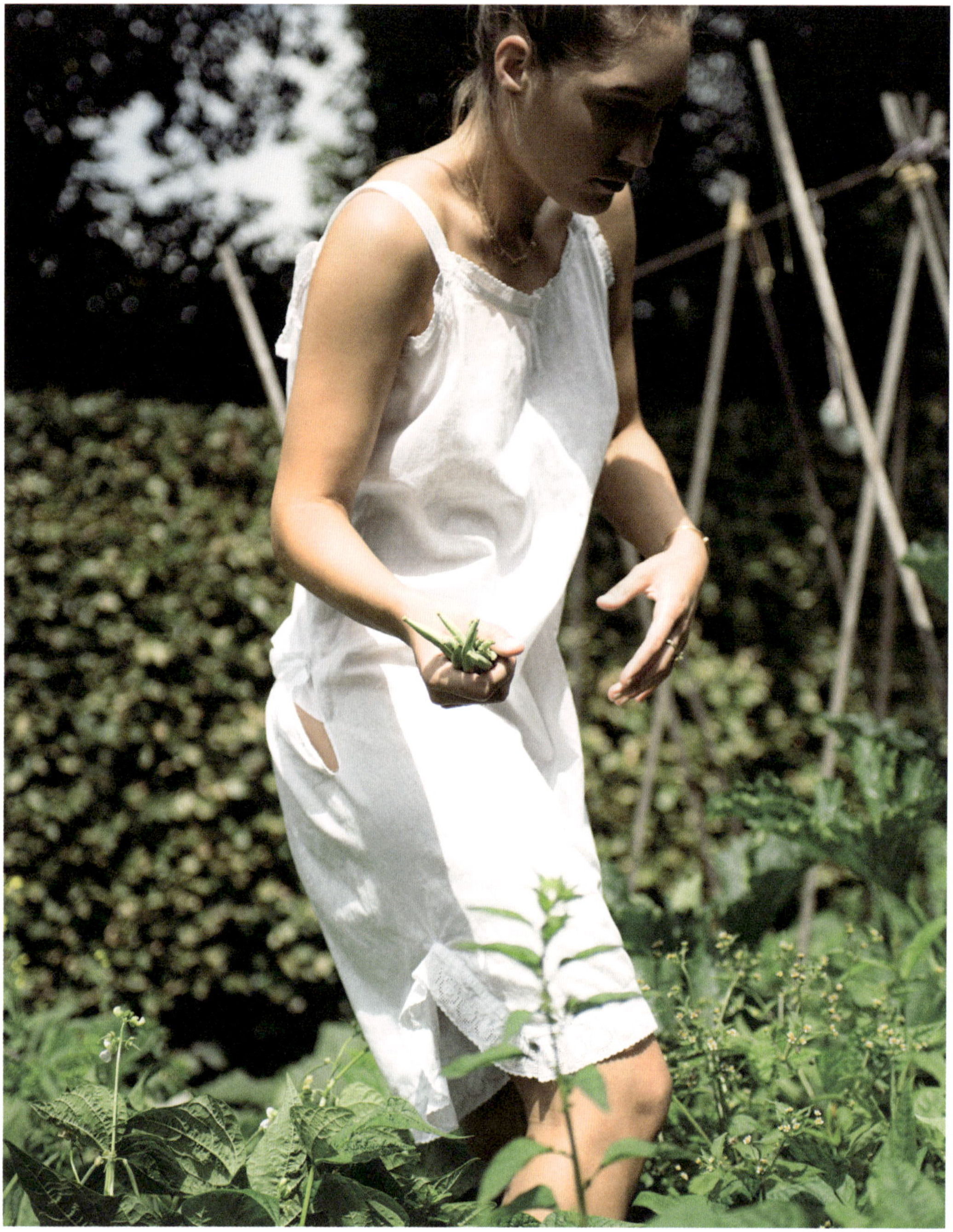

NO EGGS? NO PROBLEM.

Ik houd van eitjes. Ik eet ze scrambled op toast met avocado, ik maak er omeletten van voor extra energie als ik ga sporten of ik bak er cakes mee. Yum! In de supermarkt kies ik voor biodynamische eieren, in New York koop ik ze op de farmers' market en als ik in Fryslân ben pik ik wat eitjes van de buurvrouw. Maar voor wie écht 100% plantaardig wil eten en dus ook eieren wil laten staan: geen probleem. Je kunt ze prima vervangen.

- ~ 1 ei = 1 el lijnzaad + 2½ el water
- ~ 1 ei = 1 el chiazaad + 2½ el water (laat 3 minuten staan en roer)
- ~ 1 ei = 1 el agaragar + 3 el water
- ~ 1 ei = ½ banaan
- ~ 1 ei = 50 g ongezoete appelmoes
- ~ 1 ei = 3 el notenpasta
- ~ 1 ei = 1 el psylliumvezelpoeder + 3 el water (laat 3 minuten staan en roer)
- ~ 1 ei = 60 g zachte tofu
- ~ 1 ei = 45 ml aquafaba

Als je het vocht uit een blik kikkererwten luchtig klutst met een garde, heb je aquafaba.

3
-
FOOD

Druk, druk, druk

Als ik het zo opschrijf klinkt het simpel, niet? Maar in de praktijk blijkt het vaak toch lastig. We zijn allemaal zo druk, dat het erbij inschiet om gezond te blijven eten. Toch moet drukte geen excuus zijn om minder goed voor jezelf te zorgen. Juist als je het druk hebt, is het essentieel. Hoe gezonder je eet, hoe meer energie je krijgt. Dus hoe drukker je bent, hoe belangrijker het is om gezond te eten. Je creëert nieuwe energie om al je taken en afspraken na te komen (en de drukte aan te kunnen). Je bent scherper en fitter waardoor je veel meer gedaan krijgt op een dag en betere keuzes kunt maken.

Natuurlijk is het soms heel fijn om een potje tomatenpuree open te trekken zonder dat je twee uur lang bezig bent om het zelf te maken. Moet kunnen. Maar door creatief te zijn en goed te plannen kun je met gemak kiezen voor Powerfood. Hoe druk ik ook ben, ik maak tijd vrij om in de keuken te staan omdat ik mijn lichaam de juiste voedingsstoffen wil geven. Waar heb ik behoefte aan? Waar heb ik zin in? Door die vraag elke dag te stellen heb ik mijn lichaam goed leren kennen en kan ik het geven waar het écht behoefte aan heeft.

HAPPY GUT = HAPPY YOU

—

Je darmen zijn het fundament van je lichaam. Voedingsstoffen worden er verteerd en opgenomen, je immuunsysteem herstelt zich hier én je darmen spelen een belangrijke rol in je humeur en hormoonhuishouding. Hoe meer ik leerde over de 'darmwereld', hoe meer ik erachter kwam dat het essentieel is om voor je darmen te zorgen.

Door wetenschappelijk onderzoek wordt het steeds duidelijker hoezeer ons brein in relatie staat met onze darmen. Je kunt letterlijk buikpijn hebben als je nerveus of boos bent, toch? Happy gut = happy brain, en andersom. Oftewel, door goed voor je darmen te zorgen, zorg je goed voor jezelf. Dat kun je enerzijds doen door voedingsstoffen waar je gevoelig voor bent te laten staan, door de tijd te nemen om rustig te eten, en anderzijds door lief te zijn voor jezelf en genoeg te ontspannen.

Checklist voor gezonde darmen

—

Vermijd stress.

—

Kies gefermenteerd eten, zoals zuurkool, kombucha, kimchi, tempeh en (rauwe) kefir.

—

Eet genoeg vezels.

—

Drink veel water.

—

Beweeg voldoende.

—

Kauw je eten goed.

—

Vul je voeding aan met supplementen van: magnesium, probiotica en aloë-vera en psylliumvezels.

Het juiste gebruik van supplementen is erg persoonlijk. Als je medicatie gebruikt, zwanger bent, ziek bent, borstvoeding geeft of twijfelt of je iets wel of niet in kunt nemen, raadpleeg dan altijd eerst je arts of een andere deskundige.

GEEN OBSESSIE

–

Ongezond eten ligt ook voor mij altijd op de loer. Het ruikt vaak heerlijk en ziet er verleidelijk uit. Maar omdat ik me verdiept heb in de effecten van zowel 'gezond' als 'ongezond' eten, ben ik me erg bewust van wat bepaalde voeding met me doet. Ik weet daarom wat ik wel of niet in mijn lichaam wil stoppen.

Belangrijk is dat eten geen obsessie wordt. En ook dat valt en staat met luisteren naar je lichaam. Je lichaam heeft óók ontspanning nodig. Op social media zie je prachtige, afgetrainde lichamen, maar wie zegt dat jij daar gelukkig van wordt? Ik voel me gelukkig in mijzelf, omdat ik eet waarvan ik gelukkig word. Ik kan het je niet vaak genoeg zeggen: jij bent de baas over je eigen lichaam. Dus de vraag is: wat voor voeding gun jij jezelf?

GEEN CALORIEËN TELLEN

–

Calorieën tellen heeft niet mijn voorkeur. Ik zie namelijk dat met het tellen de focus op de voedingswaarde van je eten afneemt. Als je een avocado vergelijkt met een reep vol suiker, kan het zijn dat deze dezelfde hoeveelheid calorieën bevatten. Maar waar heeft je lijf het meeste aan? Natuurlijk biedt het aantal calorieën in voeding een richtlijn, als je bijvoorbeeld overgewicht wilt kwijtraken, maar voeding met de minste calorieën is niet altijd het gezondst. Kijk in plaats van calorieën liever naar de voedingswaarde, vitamines en mineralen in een product en naar de behoeftes van je lichaam. Heb je tekorten? Voel je je goed na het eten? Hoe duurzaam is je energie na een maaltijd?

Grote verpakkingen van droge producten (kruiden, noten, granen, gedroogde bessen) zijn goed te bewaren en voordelig.

> ZO START JE JOUW HEALTHY LIFESTYLE

GO, GO, GO!

1. Powerkitchen

Een goede voorraad is de basis van je gezonde eetpatroon. Tel daar een goed uitgeruste keuken bij op, en je bent klaar om jouw healthy lifestyle te starten. Mijn keuken staat bomvol tools en de meest uiteenlopende producten. Om lekker te kunnen koken hoef ik alleen nog maar de verse ingrediënten in huis te halen. Dit zijn wat mij betreft dé must haves in de keuken.

3
-
FOOD

KEUKENKASTJE
-

- ✓ Ahornsiroop
- ✓ Baking soda
- ✓ Boekweit
- ✓ Cacaonibs
- ✓ Cacaopoeder
- ✓ Chiazaad
- ✓ Couscous, volkoren
- ✓ Dadels (liefst Medjoul)
- ✓ Gedroogde kruiden: kerrie, komijn, kardemom, kaneel, cayennepeper, geelwortel, gember, speculaaskruiden
- ✓ Ghee
- ✓ Gojibessen, gedroogd
- ✓ Haver (mout + vlokken)
- ✓ Hennepzaad
- ✓ Honing
- ✓ Keltisch zeezout
- ✓ Kikkererwten, gedroogd en in pot
- ✓ Kokosbloesemsuiker
- ✓ Kokosolie, koudgeperst
- ✓ Kokosrasp
- ✓ Lijnzaad
- ✓ Linzen
- ✓ Matchapoeder
- ✓ Meel (amandel-, haver-, volkoren speltmeel)
- ✓ Mungbonen
- ✓ Noedels & spaghetti
- ✓ Noten (amandelen, cashewnoten, hazelnoten)
- ✓ (Gemengde) notenpasta
- ✓ Olijfolie, voor bakken & koudgeperst
- ✓ Pompoenpitten
- ✓ Psylliumvezels
- ✓ Quinoa
- ✓ Sesamzaad
- ✓ Tahin
- ✓ Tamari
- ✓ Vanillepoeder, ongezoet
- ✓ Zilvervliesrijst
- ✓ Zonnebloempitten
- ✓ Zwarte peper

Geen stress, je hoeft dit echt niet allemaal tegelijk aan te schaffen. Als je regelmatig lekkere Powerfood-recepten kookt, bouw je deze voorraad vanzelf op.

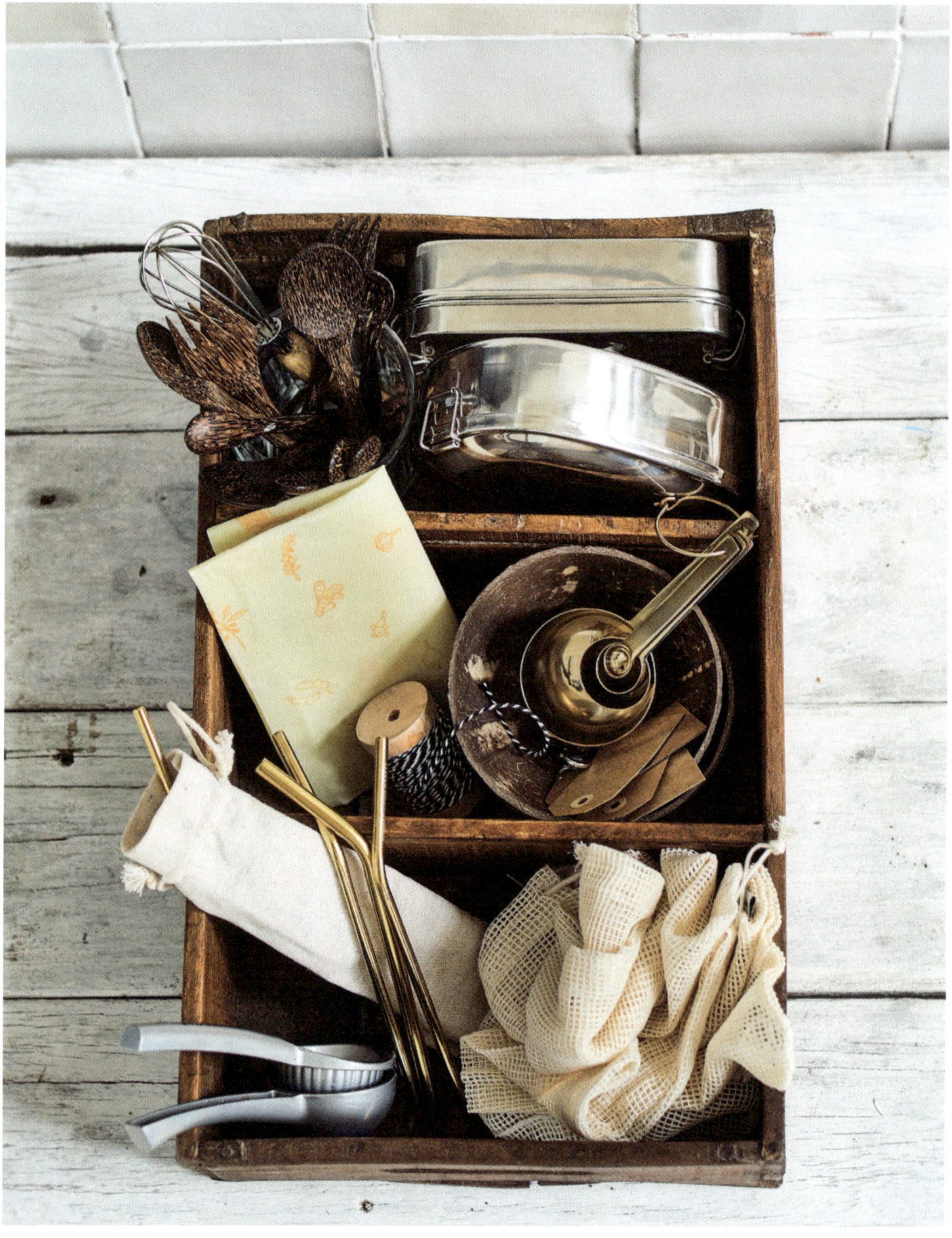

> "We all eat, and it would be a sad waste of opportunity to eat badly."

Quote - Anna Thomas

3 - FOOD

KOELKAST

- Plantaardige dranken (zoals kokos-, noten- & haverdrank)
- Verse groenten, fruit en kruiden
- 'Gurts' (plantaardige variaties op yoghurt van kokos, haver of noten)
- Geitenkaas, harde & zachte
- Geprepte maaltijden
- Appelazijn (troebel), mosterd, ketchup, tamari & (zelfgemaakte) mayonaise

STUFF

- Oven & fornuis
- Vriezer
- Keukenmachine
- Blender
- Juicer
- Citroenpers
- Spiraalsnijder
- Snijplank (hout)
- Weegschaal
- Ongebleekt bakpapier
- Bee's wrap – milieuvriendelijk alternatief voor aluminium- of vershoudfolie
- Glazen (weck)potten, luchtdicht, in alle soorten en maten
- Voorraadbakjes
- Fruit- en groentetas (katoen)
- Milieuvriendelijk alternatief voor plastic tassen
- Broodzakken (katoen)
- Zakklemmen (rvs)
- Rietjes (bamboe of rvs)

Ik kies voor kwalitatief goed keukenspul: zo min mogelijk plastic, zoveel mogelijk roestvrij staal. Ze gaan langer mee én het is beter voor je gezondheid en het milieu.

Kijk bijvoorbeeld op powerfoodiesmarket.com voor meer info & producten.

FREEZE IT!

—

Rauw
- ✓ Vis en schaaldieren
- ✓ Rauwe groenten: spinazie, boerenkool, lente-uien, broccoli, snijbiet, bloemkool, spruiten
- ✓ Verse kruiden, gesneden (niet geschikt voor garnering)
- ✓ Fruit: gesneden mango, banaan, papaya, ananas, aardbeien, dadels, bessen, frambozen, bramen, kruisbessen, druiven, kersen, druiven, appels, peren, meloen, nectarines, perziken, abrikozen
- ✓ Plantaardige dranken: restjes – zoals kokosdrank – vries ik in ijsblokvormpjes in. Zo kan ik het gemakkelijk in smoothies of curry's gebruiken. Ook een goed idee voor citroensap!

Probeer geen groenten die veel vocht bevatten (zoals komkommer, paprika en selderij) in te vriezen. Zodra je het ontdooit geven de groenten veel water af zodat er bijna niks meer overblijft.

HOME MADE

—

- ✓ (Bananen)brood, snijd ik meestal in plakken en bewaar ik in de vriezer zodat ik het elke dag vers kan pakken
- ✓ Koekjes
- ✓ Smoothies, bowls, & sapjes
- ✓ Currypasta's
- ✓ Sausjes, soepen en stoofpotjes & pasta's
- ✓ Snackballetjes
- ✓ Bouillon, superhandig om net als plantaardige dranken in ijsblokvormpjes in te vriezen

Handig: zet op alles wat je invriest een datum. Zo weet je wat je beter als eerst kunt opeten.

Ik ben groot fan van preppen! Dus: maaltijden koken voor meerdere dagen en ze vervolgens bewaren in de koelkast of vriezer. Als je werkt met een weekschema kun je een groot deel van je eten al klaarzetten.

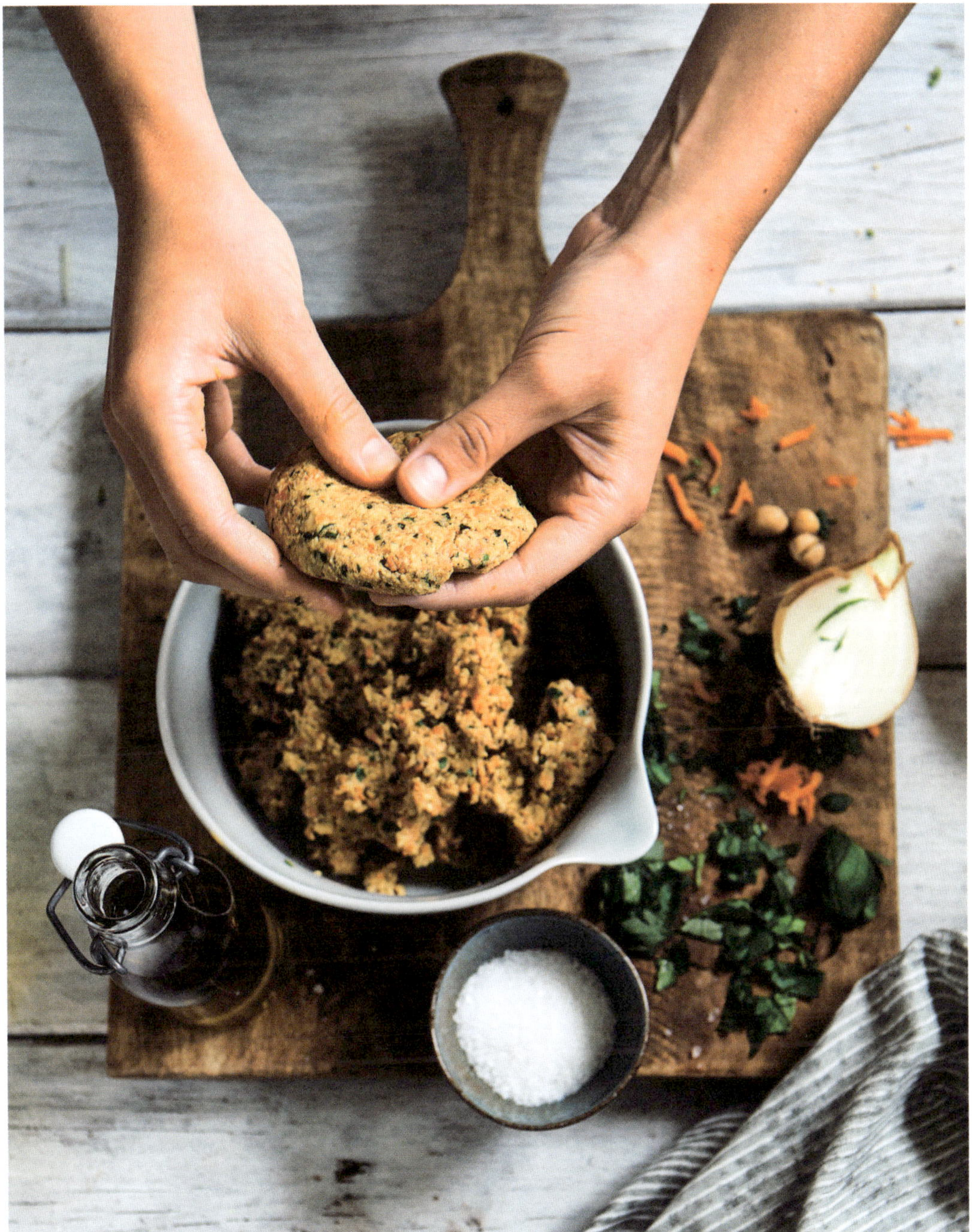

2. Stappenplan om te beginnen

1. Bewustwording

Waarom wil je gezond en gelukkig leven? Wat is je motivatie? Voor wie doe je dit? Probeer het zo concreet mogelijk voor jezelf op te schrijven. Je antwoord op deze vraag is essentieel. Doe het niet omdat je denkt dat het 'moet', of omdat anderen het doen. Doe het altijd voor jezelf! Het vergt aandacht, verdieping en toewijding, dus als je je levensstijl wilt aanpassen is het belangrijk dat je er écht klaar voor bent.

2. Observeer je huidige levensstijl

Als je weet waarom je het belangrijk vindt je voedingspatroon te veranderen, is het tijd om de huidige stand van zaken onder de loep te nemen. Wat wil je precies veranderen? Stel jezelf tientallen vragen: Hoe eet ik? Wat eet ik? Hoe zien mijn keukenkastjes eruit? Maar ook: Hoe vaak per week sport of beweeg ik? Voel ik me gestrest? Ben ik hard voor mezelf? Zorg dat je al je voorkeuren, valkuilen en verslavingen kent.

STAP VOOR STAP

Haal in één keer alle ongezonde producten uit je keukenkast, koelkast en vriezer. Trakteer jezelf op mooie potten en tools, richt je keuken stap voor stap in met essentiële ingrediënten en een voorraad gezonde snacks.

3. Prioriteiten

Vervolgens is het belangrijk dat je daadwerkelijk gezondere keuzes gaat maken. Werken aan jezelf is een proces waar je je hele leven lang mee bezig bent. Het hoeft niet allemaal vandaag, stap voor stap veranderingen doorvoeren is het meest haalbaar. Maar het is wel belangrijk om je gezondheid op nummer één te zetten. Een druk leven is geen reden om maaltijden over te slaan of ongezond te eten. Door je keukenkastjes anders in te delen, andere producten te kiezen en goede voorbereidingen treffen kom je al een heel eind.

4. Maak je eigen schema's

Door te werken met work-out- en eetschema's maak je je nieuwe plannen overzichtelijk. Het is belangrijk dat de schema's die je maakt haalbaar zijn en je niet te hard bent voor jezelf. Je zult – zeker in het begin – echt nog weleens afwijken van je schema en een minder gezonde keuze maken. Is niet erg. Ga daarna gewoon weer verder met je gezonde levensstijl en geef niet op.

Op pag. 60 vind je een weekschema dat je zelf kunt invullen!

5. Licht je vrienden / familie / collega's in.

Bespreek met je vrienden waarmee je bezig bent. Zo creëer je een beetje extra motivatie en je kunt ze ook vragen om support. Het is fijn om te horen hoe trots mensen op je zullen zijn. Én: het is besmettelijk. Als jij met je lekkere *home made* lunch aankomt, gaan mensen vast jaloers zijn. Helemaal als ze zien hoe lekker jij je gaat voelen.

Weekschema (om zelf in te vullen)   *Maandag*   *Dinsdag*

Ontbijt

3. Powerplanning

En dan is het nu tijd voor jouw eigen weekschema! Onthoud: wees lief voor jezelf. Zorg vooral dat je een haalbaar schema maakt. Onderstaande 7 vragen zijn daarbij essentieel.

Snack

① Gebruik je verschillende soorten groenten en fruit in je smoothies en salades?
② Gebruik je verschillende soorten brood, crackers en rijstwafels?
③ Neem je verschillende soorten tussendoortjes?
④ Plan je makkelijke maaltijden op de drukke dagen in, zodat je ze snel of vooraf kunt bereiden?
⑤ Houd je er rekening mee dat je misschien niet elke dag thuis luncht of dineert?
⑥ Houd je rekening met je gezin of eventuele huisgenoten die met je mee eten?
⑦ Maak je onderscheid tussen een weekdag en weekenddag? Op weekenddagen heb je meestal meer tijd om uitgebreid in de keuken te staan en kun je dus alvast vooruit koken of voorraadjes maken.

Lunch

Snack

Diner

Tip: maak een boodschappenlijstje! Zo weet je precies wat je nodig hebt om je weekschema goed te kunnen volgen. Het geeft rust om een of twee keer per week boodschappen te doen.

Snack

3 - FOOD

Woensdag   *Donderdag*   *Vrijdag*   *Zaterdag*   *Zondag*

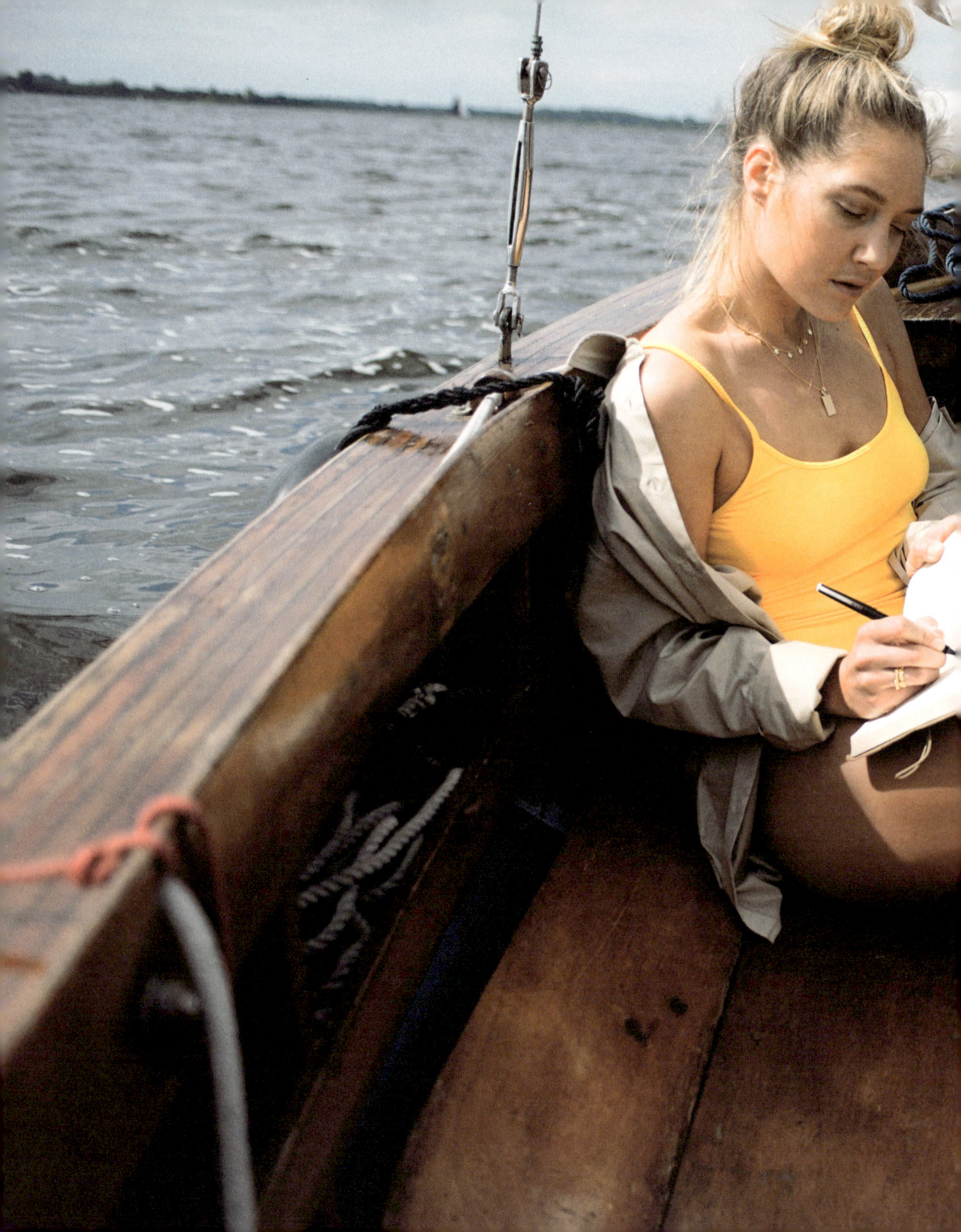

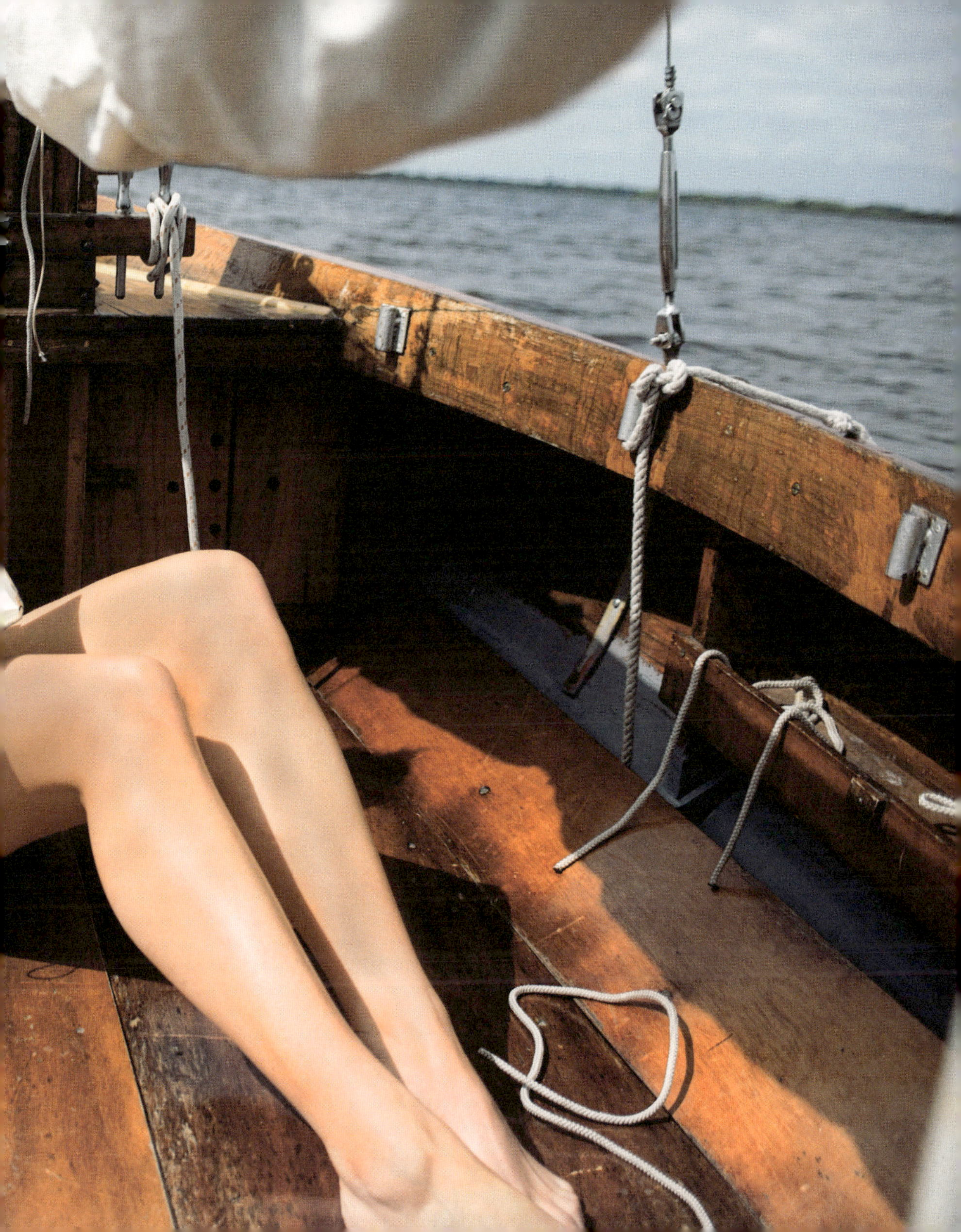

You gotta nourish to flourish.

RECEPTEN

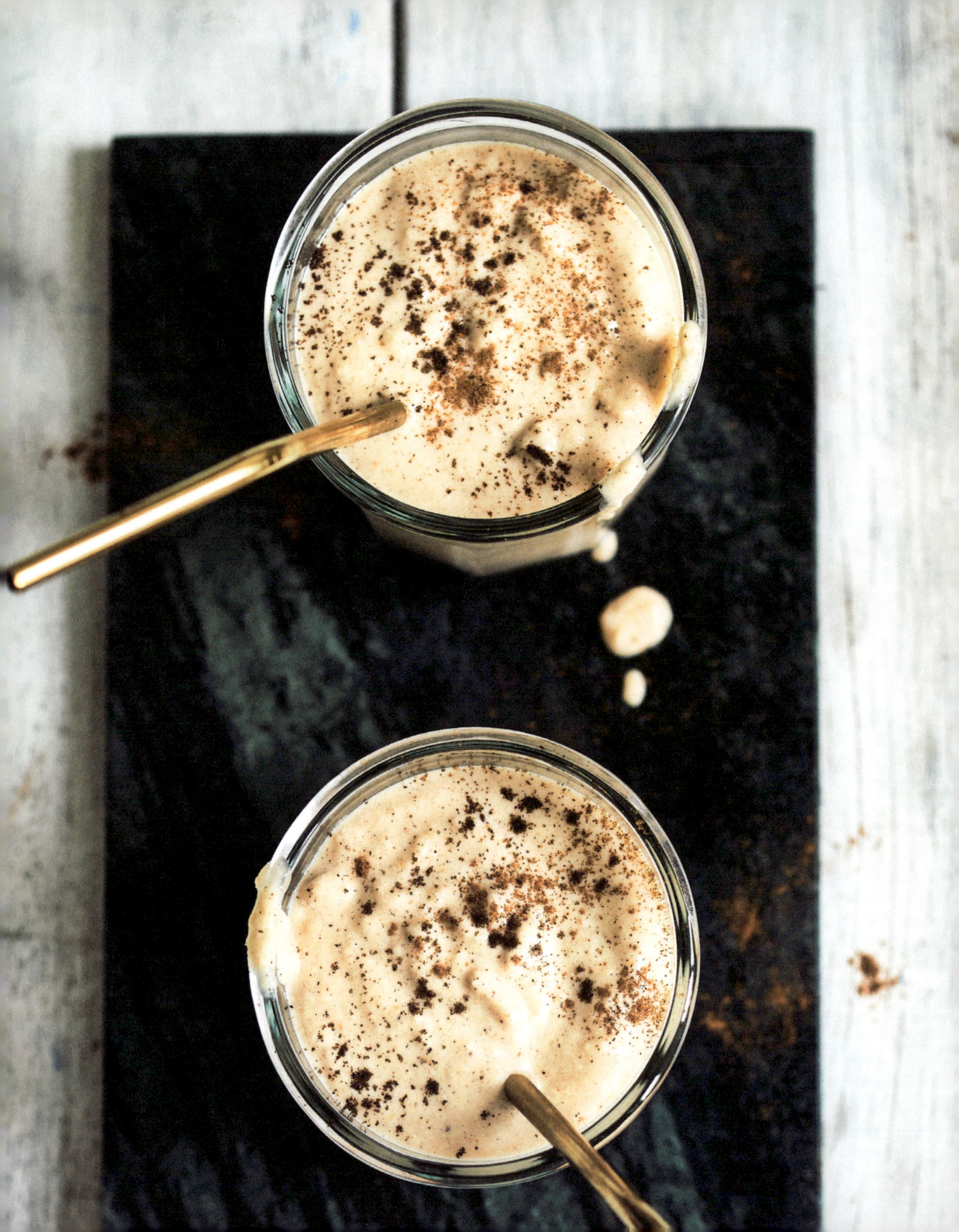

ONTBIJT

BLOEMKOOL-BREKKIE

Vegan

Een echt comfortontbijtje! Lekker als je zin hebt in een zoete, stevige en romige boost om je dag te beginnen. Ook als toetje trouwens!

Ingrediënten (2 porties)
- 200 g bloemkool, bij voorkeur bevroren
- 70 g notenpasta, gezouten
- 2 bananen
- ¼ tl kaneelpoeder
- mespuntje vanillepoeder, ongezoet
- snufje zeezout
- 200 ml amandeldrank

Benodigdheden
blender of keukenmachine

Bereidingstijd: 5 à 10 minuten

Bereiding
Doe alle ingrediënten in een blender of keukenmachine en mix tot een romig geheel. Verdeel de smoothie over twee glazen en geniet!

Houdbaarheid
Direct opeten of 3 maanden in een luchtdicht afgesloten bakje in de vriezer.

Zet het 2 uur in de diepvries, et voilà...
Ice baby!

3
-
FOOD

Vegan

OVERNIGHT CHIA KICKSTART

Een variant op mijn eerdere kickstarts. Chiazaad maakt het recept lekker luchtig (en zit bomvol omega 3!) en de cashewnoten maken het *creamy*.

Ingrediënten (2 porties)
- 70 g cashewnoten
- 50 g havermout
- 2 Medjouldadels
- 200 ml haverdrank (of andere plantaardige melkvervanger naar wens)
- 100 ml water
- ½ tl vanillepoeder, ongezoet
- snufje zeezout
- 3 el chiazaad
- ½ kaneelpoeder, optioneel

Benodigdheden
keukenmachine of blender

Weektijd: min. 1 uur (of 1 nacht)
Bereidingstijd: 10 minuten
Wachttijd: 1 uur (of 1 nacht)

Bereiding
Week de cashewnoten minimaal 1 uur (of 1 nacht) in een kom of pot met water. Ontpit de dadels. Doe vervolgens de uitgelekte noten samen met de havermout, dadels, haverdrank, water, vanille en zout in de keukenmachine of blender en mix tot een romig geheel. Verdeel het mengsel samen met het chiazaad over twee potjes of glazen, en roer goed door elkaar. Zet het minimaal 1 uur of een nacht in de koelkast. *And you are ready to enjoy!*

Houdbaarheid
3 dagen in een luchtdicht afgesloten pot in de koelkast.

Heb je wat drogere dadels? Week ze dan 15 minuten in heet water.

Ik maak dit ontbijtje het liefst de avond ervoor zodat ik het 's morgens gelijk uit de koelkast kan halen.

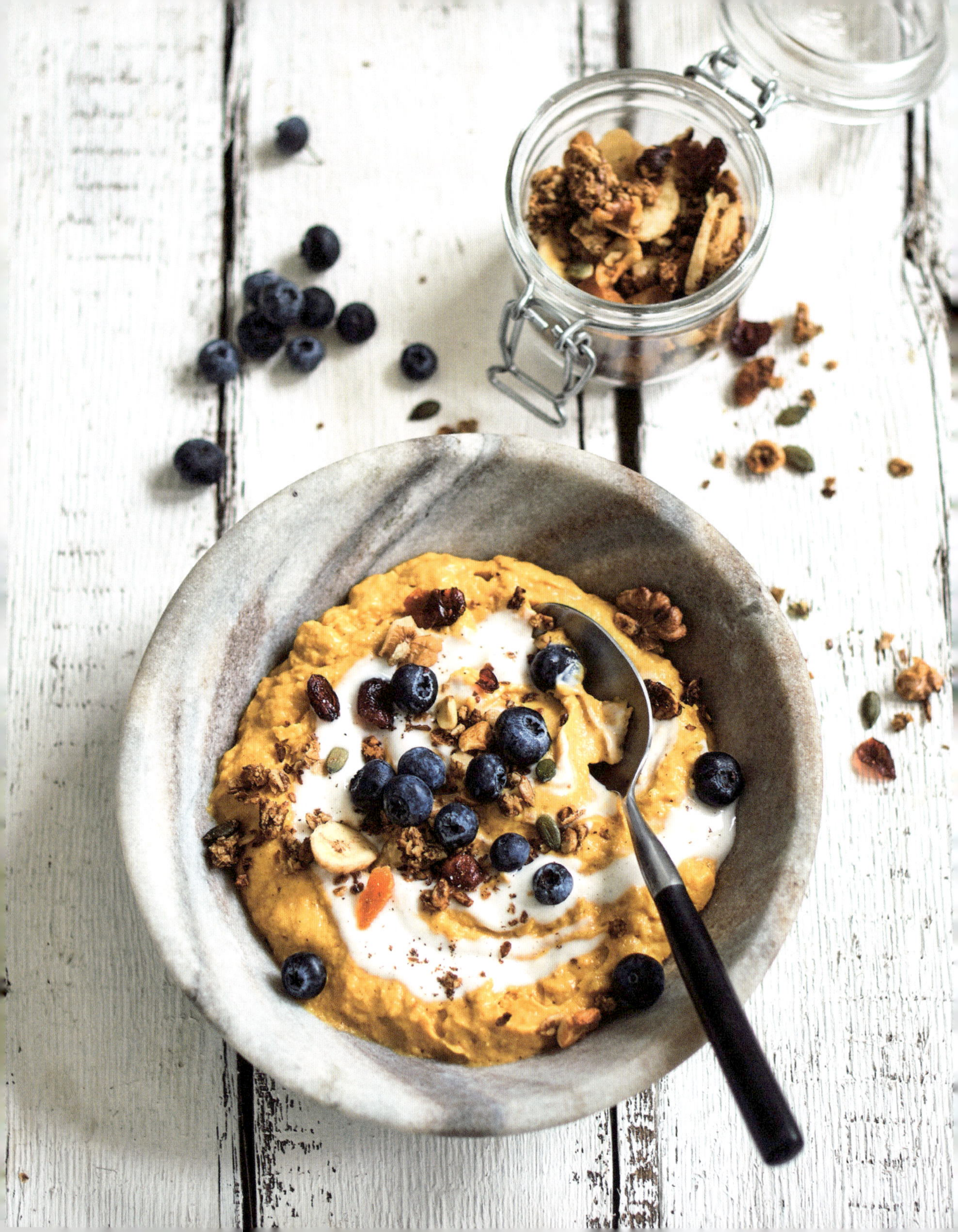

ONTBIJT

Vegan

PUMPKIN BOWL

Ik maak dit meestal als ik nog wat geroosterde pompoen over heb. Niet zo'n *sweet tooth*? Je kunt de banaan ook vervangen door courgette. Minder zoet, net zo *yum!*

Ingrediënten (1 bowl)
- 150 g geroosterde (fles)pompoen (afgekoeld) met kaneel*
- 1 el amandelpasta (of gemengde notenpasta)
- 1 banaan, bevroren
- ½ tl kardamompoeder
- 3 el cashewgurt**
- ¼ tl vanillepoeder, ongezoet

Topping
- granola
- blauwe bessen (of andere bessen naar wens)

Benodigdheden
keukenmachine (aanbevolen) of blender

Bereidingstijd: 10 minuten
(excl. roosteren pompoen)

Bereiding
Doe alle ingrediënten behalve de 'yoghurt' en het vanillepoeder in de keukenmachine of blender en mix tot een romig geheel. Schenk het mengsel in een kom, swirl de vanille 'yoghurt' erdoorheen en strooi de gewenste topping er bovenop.

Houdbaarheid
2 dagen in een afgesloten bakje in de koelkast of 3 maanden in de vriezer

* Hoe maak ik geroosterde flespompoen?
Verwarm de oven voor op 180 °C. Snijd een pompoen in vieren. Verwijder de zaden en de draderige binnenkant met een lepel. Snijd de ongeschilde pompoen in plakken en doe die in een kom met wat olie en kaneel. Hussel alles goed door elkaar. Schep de pompoen op een met bakpapier beklede bakplaat en rooster ongeveer 45 minuten in de voorverwarmde oven en laat afkoelen.

** Plantaardige variatie op yoghurt. Je kunt ook kiezen voor 'kokosgurt' (heb je wel een kokossmaak), 'havergurt' of 'amandelgurt'.

3 - FOOD

LUNCH

3
-
FOOD

BROODJES MET PICCALILLY

Hartige broodjes om mee te nemen. Met piccalilly het allerlekkerst, maar belegd met avocado en geitenkaas of een zoete spread doen ze het ook heel goed!

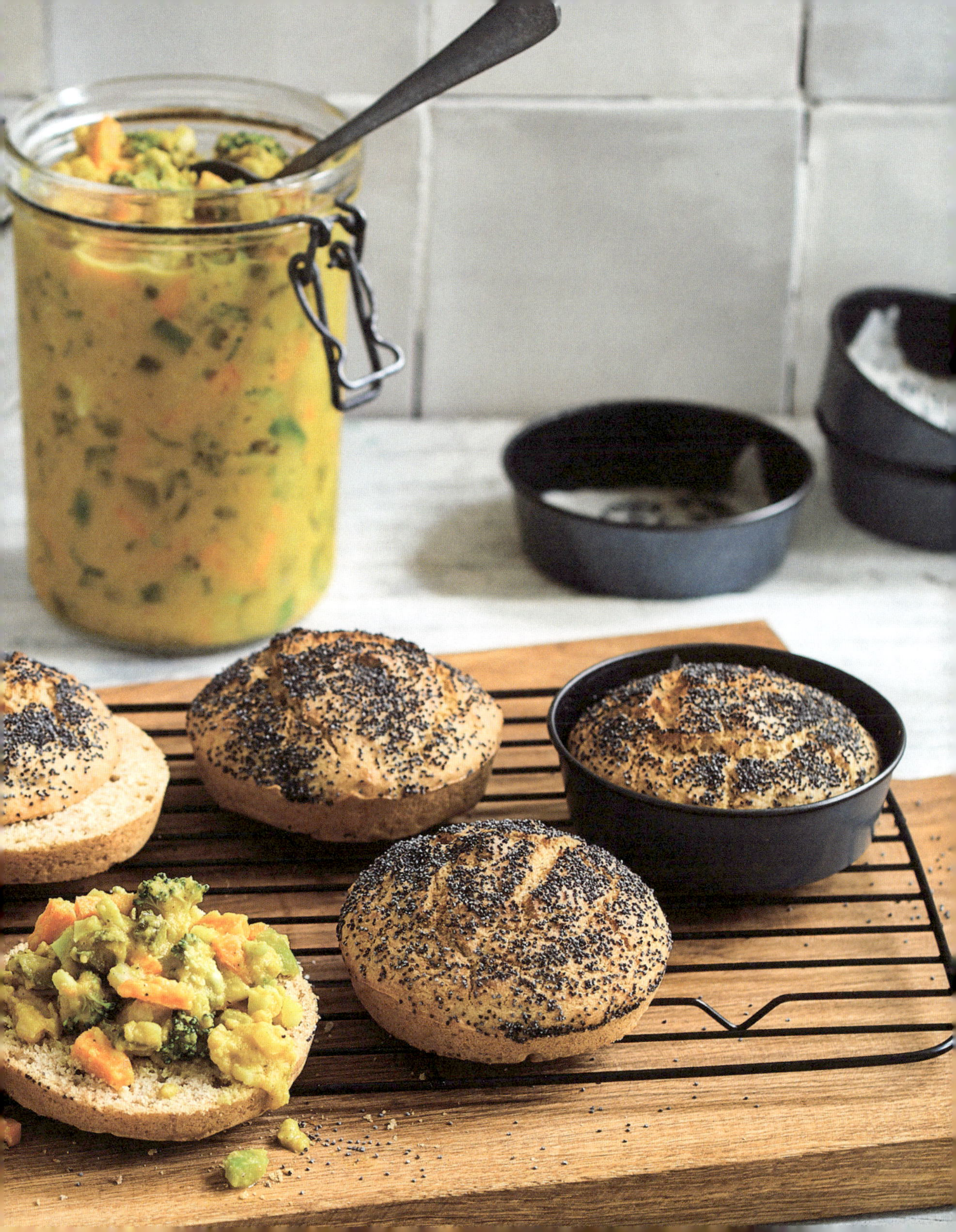

LUNCH

BROODJES

Ingrediënten (ca. 6 stuks)
- 150 g maismeel, biologisch
- 150 g volkoren speltmeel (of ander meel naar wens)
- 1 el psylliumvezels
- ½ tl zeezout
- 2 tl baking soda
- 3 eieren
- 50 g ghee of kokosolie
- 1 tl appelazijn, troebel
- 200 ml haverdrank (of andere plantaardige melkvervanger naar wens)
- 4 el maanzaad of sesamzaad, optioneel

Benodigdheden
broodbakvormpjes (rond); (ongebleekt) bakpapier

Bereidingstijd: 15 minuten
Baktijd: ca. 30 minuten

Bereiding
Verwarm de oven voor op 180 °C. Doe alle droge ingrediënten behalve het maanzaad of sesamzaad in een kom. Klop de eieren op in een andere kom. Voeg de ghee, azijn en haverdrank bij de opgeklopte eieren. Roer dit door elkaar, voeg dan inhoud van de kom met droge ingrediënten toe en meng alles tot een redelijk dik, maar soepel beslag. Doe bakpapier in de vormpjes en schep het beslag erin. Bestrooi het met maan- of sesamzaad. Bak de broodjes 20-25 minuten of tot ze gaar zijn in de voorverwarmde oven en klaar is Kees.

Houdbaarheid
5 dagen in een luchtdicht afgesloten trommel.

LUNCH

Vegan

PICCALILLY

Ingrediënten (voor 1 grote pot)
- 400 g bloemkool
- 250 g wortel
- 200 g broccoli
- 200 g augurk
- 1 groene paprika
- 1 ui
- 250 ml appelazijn, troebel
- 4 el olijfolie
- 3 el ahornsiroop
- 4 tl mosterd
- tl zeezout
- 1 tl zwarte peper
- 4 tl geelwortelpoeder
- 2 tl kerriepoeder
- 1 tl gemberpoeder
- 1 tl cayennepeper

Benodigdheden
keukenmachine of staafmixer

Bereidingstijd: 30 minuten
Wachttijd: 2 à 3 dagen

Bereiding
Was de bloemkool en kook deze ongeveer 10 minuten of tot het lekker zacht is. Laat afkoelen. Was ook de rest van de groenten en snijd alles in heel kleine stukjes. Maak een saus van de bloemkool, appelazijn, olijfolie, ahornsiroop, mosterd, zout en specerijen in een keukenmachine of met een staafmixer. Meng deze saus met de fijngesneden groenten en schep alles in een grote weckpot.
Na 2 à 3 dagen is de smaak goed ingetrokken. Lekker als side dish bij een rijstgerecht, op een broodje, op een vegaburger of tussendoor op een (rijst)cracker.

Houdbaarheid
Na opening 3 weken houdbaar in de koelkast.

Ook lekker bij een curry of stamppotje.

Alle oliën in mijn recepten zijn koudgeperst.

3 - FOOD

Mijn weekendfavoriet! Alles klopt aan dit recept: zoet vs. zuur vs. zout. Deze lekkerste tosti ever, is je redding na een avondje feesten.

LUNCH

DE ULTIEME TOSTI

Ingrediënten (1 tosti)
- 50 g maitake- (eikhaas) of shiitake-paddenstoelen
- (kokos)olie of ghee om te bakken
- 20 g zuurkool
- 40 g paprika, ingelegd, uit pot
- 1 plak harde geitenkaas (of vegan kaas)
- 2 sneetjes zuurdesembrood

Saus
- 1 tl mosterd
- 1 tl ahornsiroop
- 1½ el mayonaise
- 1 tl sambal, optioneel

Benodigdheden
tosti-apparaat of koekenpan

Bereidingstijd: ca. 20 minuten

Bereiding
Maak de paddenstoelen schoon en bak ze met wat kokosolie of ghee. Roer voor de saus de mosterd, ahornsiroop, mayo en eventuele sambal door elkaar. Besmeer elk van de sneetjes brood aan één kant met de saus en beleg een van de sneetjes met paddenstoelen, geitenkaas, paprika en zuurkool. Leg het andere sneetje erbovenop, druk goed aan en toast de sandwich in het tosti-apparaat of bak hem een paar minuten in een koekenpan aan beide kanten totdat de kaas gesmolten is. Snijd de tosti vervolgens in tweeën en geniet!

Houdbaarheid
Direct opeten is het lekkerst, maar 2 dagen in de koelkast kan ook.

MAYONAISE

Ingrediënten (voor 1 pot)
- 2 teentjes knoflook
- 2 eidooiers, vers
- 1 el citroensap
- 1 tl gemberpoeder
- 200 ml (rijst)olie
- zeezout en zwarte peper

Benodigdheden
vijzel; staafmixer

Bereidingstijd: ca. 20 minuten

Bereiding
Wrijf de knoflook in een vijzel fijn en doe dit in een maatbeker. Voeg de eierdooiers, citroensap en gember toe. Zet er een staafmixer in en begin er tijdens het mixen olie in te druppelen, totdat het mengsel wat dikker wordt. Daarna kun je de olie wat sneller toevoegen, totdat alle olie helemaal is opgenomen. Voeg peper en zout naar smaak toe.

Houdbaarheid
1 week in een goed afgesloten pot in de koelkast.

3
-
FOOD

LUNCH

CHERRYTOMATENTAART

Een hartige taart met geitenkaas en heel veel cherrytomaten, die in de oven nóg zoeter worden. Een flinke punt is voor mij vullend genoeg als lunch.

Ingrediënten (1 taart)

Bodem
- 2 el chiazaad + 5 el water
- 150 g amandelmeel
- 150 g speltmeel
- 1 tl baking soda
- 1/2 tl zout
- 50 ml olijfolie
- 1 tl appelazijn, troebel
- 50 ml water

Vulling
- 200 g cashewnoten
- 1 el tijm, vers
- 3 el mosterd
- 50 ml water
- 400 g cherrytomaten
- 1 ui
- 1 teentje knoflook
- 70 g zachte geitenkaas, optioneel

Benodigdheden
keukenmachine; quiche- of springvorm Ø 26 cm

Weektijd: min. 4 uur
Bereidingstijd: ca. 20 minuten
Baktijd: ca. 60 minuten

Bereiding
Week de cashewnoten minimaal 4 uur in water. Verwarm de oven voor op 180 °C. Week het chiazaad met 5 el water en roer het tot een papje. Roer het amandelmeel, speltmeel, baking soda en het zout goed door elkaar. Doe daarna alle vloeibare ingrediënten erbij en roer alles nog een keer goed door elkaar. Vet een quiche- of springvorm in en druk het deeg uit over de binnenkant van de vorm (in een springvorm hoeft het deeg niet helemaal tot aan de bovenkant van de hoge ring te komen). Bak deze 10 minuten voor in de oven. Mix voor de vulling de noten, tijm, mosterd en het water in de keukenmachine tot een romige massa. Schep het mengsel in een kom. Snijd de tomaten in halfjes en de ui fijn. Pers de knoflook en snijd de geitenkaas (als je die gebruikt) in kleine stukjes. Doe twee derde van de tomaten in de kom samen met de ui, knoflook en eventueel de geitenkaas. Roer alles door elkaar. Schenk de vulling in de vorm. Leg de laatste tomaten erbovenop en zet de taart 50 minuten in de oven. Snijd de quiche in stukken en geniet!

Houdbaarheid
3 dagen in een luchtdicht afgesloten bakje in de koelkast.

Vegan? De geitenkaas kun je vervangen door vegan kaas of wat edelgistvlokken.

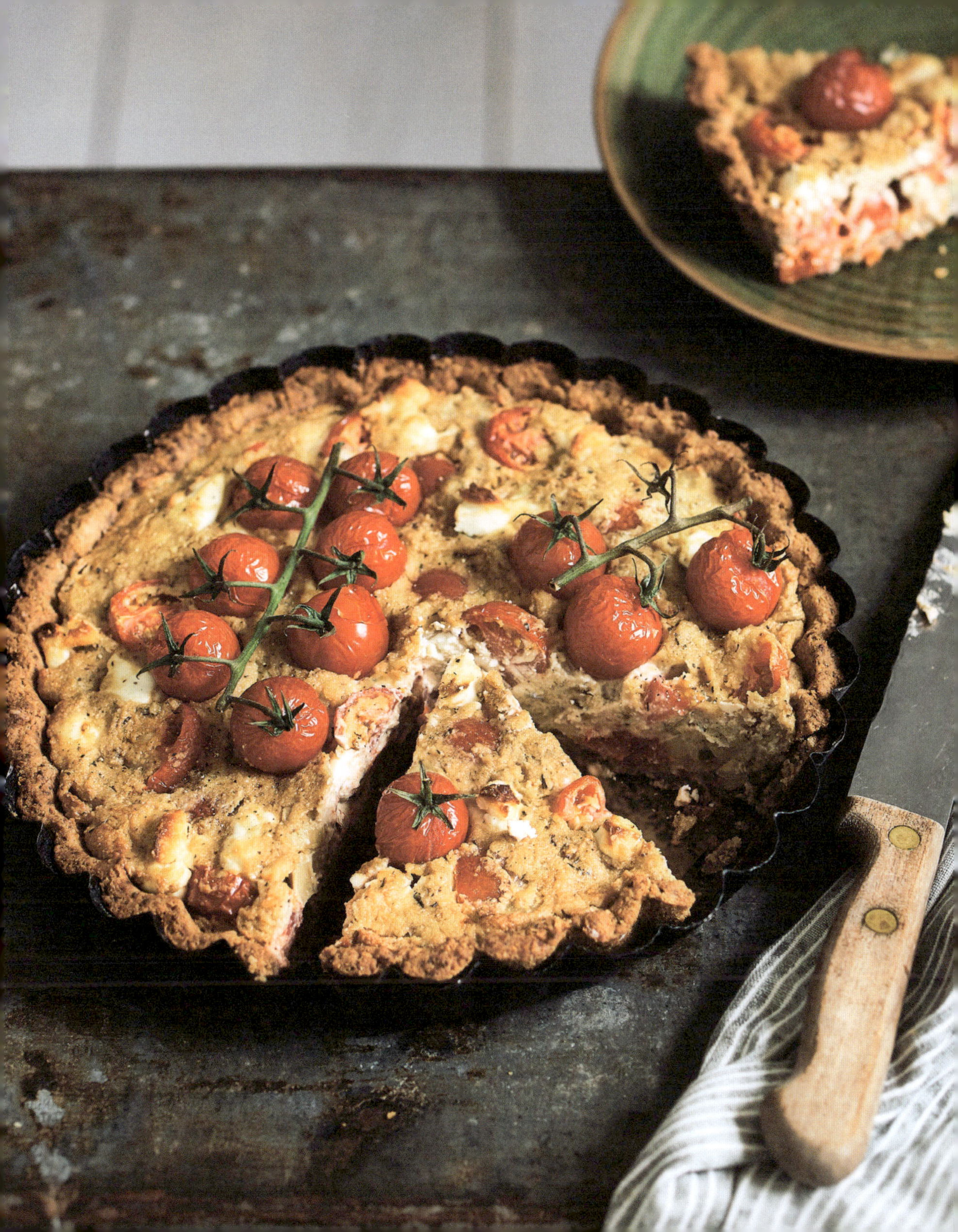

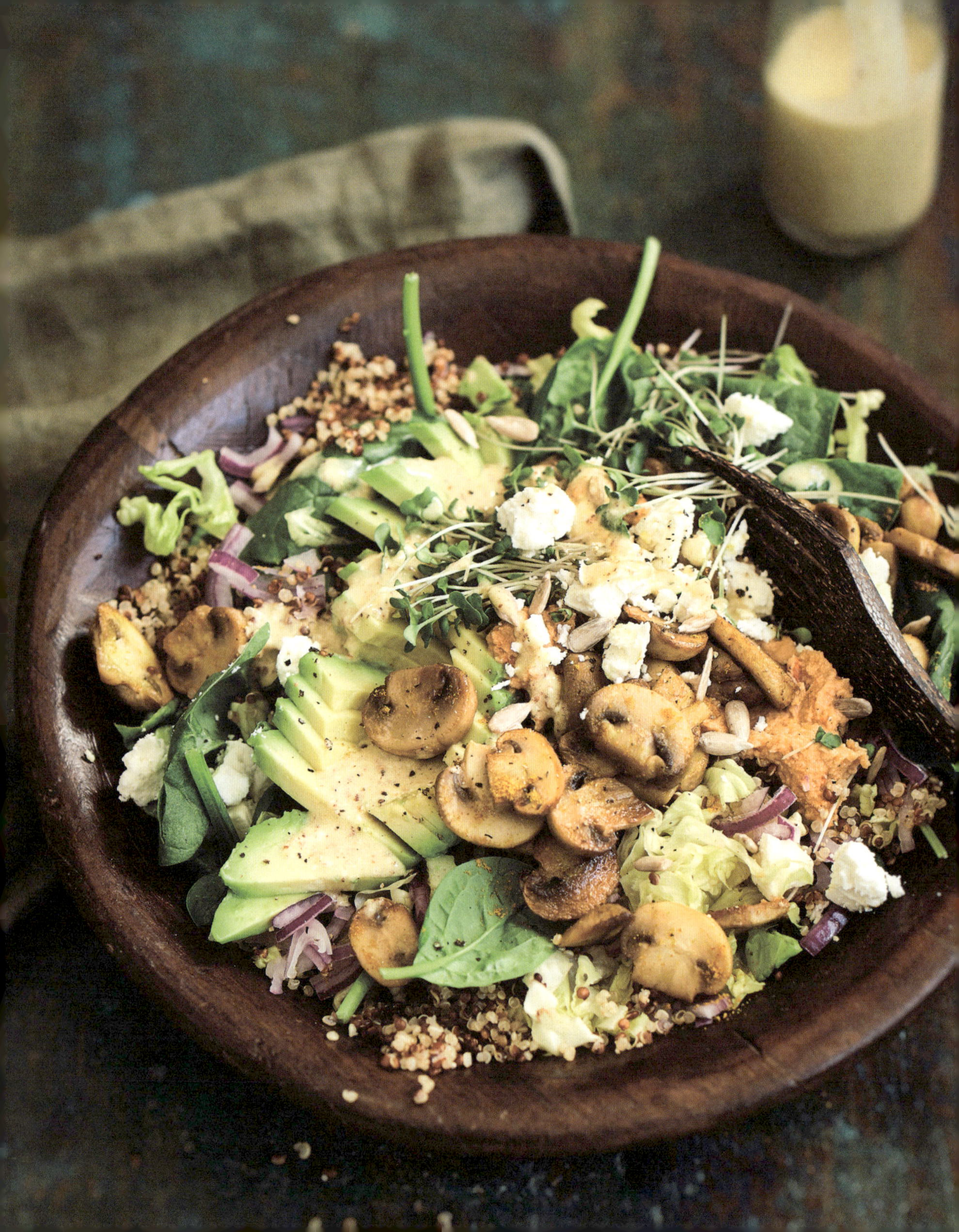

ALL-VEGGIE SALAD

Iedere dag wil ik mijn portie groenten binnenkrijgen en daar is deze salade perfect voor. Vullend, voedzaam en vól met veggies. Meestal maak ik 'm voor twee dagen.

Ingrediënten (2 porties)
- 100 g quinoa (of rijst of linzen)
- 100 g champignons
- wat ghee of (kokos)olie, om in te bakken
- ½ tl kerriepoeder
- 1 kleine rode ui
- 2 handjes romainesla
- 1 avocado
- 2 handjes broccolikiemen (of andere kiemen naar wens)
- 3 handjes rucola of spinazie
- 4 el hummus met zongedroogde tomaten (homemade, zie pag. 82)
- 80 g feta, optioneel
- zonnebloempitten, optioneel

Dressing
- 1 el mayonaise (homemade, zie pag. 77)
- 2 el olijfolie, extra vierge
- 2 tl mosterd
- ½ el citroensap of appelazijn, troebel
- 1 tl ahornsiroop

Bereidingstijd: ca. 20 minuten

Bereiding
Kook de quinoa (of rijst, linzen) volgens de aanwijzingen op de verpakking. Maak de champignons schoon en snijd ze in partjes of plakjes. Bak ze met wat olie of ghee in een pan, roer goed en schep om met het kerriepoeder. Roer nogmaals goed en laat de champignons afkoelen. Snijd ondertussen de rode ui en de romainesla in kleine stukjes, snijd de avocado doormidden, schep het vruchtvlees er voorzichtig met een lepel uit en snijd in partjes. Verdeel vervolgens de quinoa, sla, rode ui, champignons, avocado, broccolikiemen, rucola of spinazie en hummus over twee kommen en verkruimel er eventueel de feta over.

Roer voor de dressing alle benodigde ingrediënten goed door elkaar in een glas. Schenk over de salade, hussel alles door elkaar, strooi er eventueel nog wat zonnebloempitten over en geniet!

Houdbaarheid
2 dagen in een luchtdicht afgesloten bak in de koelkast.

DINER

Vegan

HUMMUS MET ZONGEDROOGDE TOMATEN

Ik maak het liefst een grote portie hummus voor de hele week. Altijd goed op een broodje, een cracker of in mijn salade.

Ingrediënten (1 pot)
- 450 g gekookte kikkererwten
- 2 teentjes knoflook
- 80 g zongedroogde tomaten
- 2 el citroensap
- 120 ml olijfolie, extra vierge
- 120 ml water
- 2 el tahin
- 2 tl komijnpoeder
- ½ tl zwarte peper, gemalen
- ½ tl kerriepoeder, optioneel
- zeezout, naar wens

Benodigdheden
keukenmachine of blender

Bereidingstijd: 10 minuten

Bereiding
Doe alle ingrediënten in de blender of keukenmachine, mix tot een glad geheel en schep de hummus in een schone, grote pot.

Houdbaarheid
1 week in een luchtdicht afgesloten pot in de koelkast.

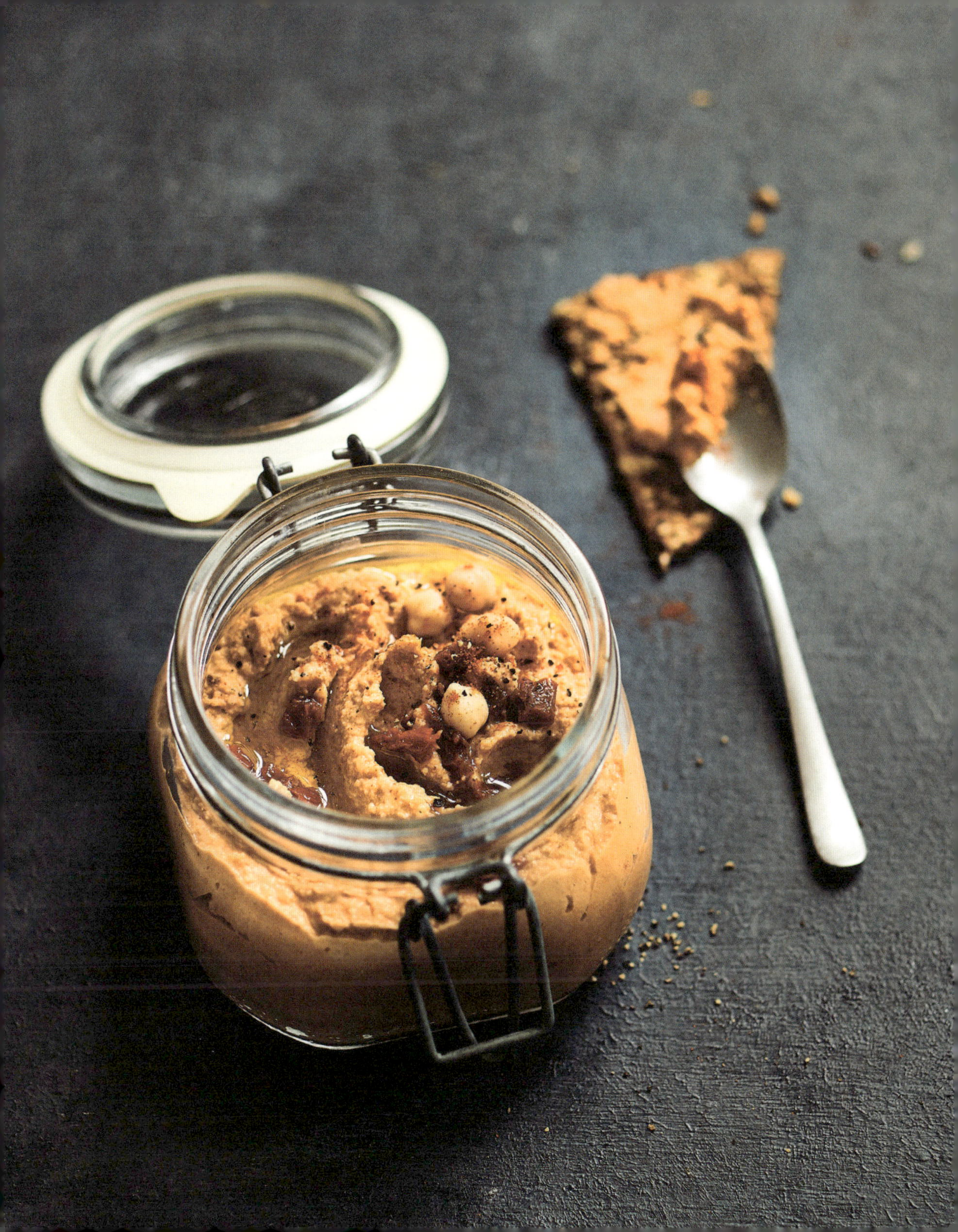

De ultieme bankavond? Filmpje, wijntje en... deze overheerlijke pasta. En probeer een portie over te houden, want de volgende dag is-ie stiekem nóg lekkerder.

DINER

MAC 'N SWEET POTATO MET SHIITAKE-BACON

Vegan

Ingrediënten (2 porties)
- 100 g cashewnoten
- 300 g zoete aardappel
- wat (kokos)olie, om te besprenkelen
- 200 g macaroni (rijst of volkoren-spelt)
- 3 tl citroensap
- 3 tl mosterd
- 2 teentjes knoflook
- 3 el tamari (glutenvrije sojasaus)
- ½ tl geelwortelpoeder
- zeezout, naar wens

Shiitake-bacon
- 100 g shiitakes
- 1 tl paprikapoeder, gerookt
- 2 el olijfolie, extra vierge
- 1 el tamari (glutenvrije sojasaus)

Benodigdheden
(ongebleekt) bakpapier;
keukenmachine (aanbevolen)
of blender

Weektijd: min. 4 uur
Bereidingstijd: 10 minuten
Baktijd: max. 30 minuten

Bereiding
Week de cashewnoten minstens 4 uur in water. Verwarm de oven voor op 200 °C. Schil de zoete aardappelen, snijd ze in plakjes. Besprenkel met wat olie (ik vind kokosolie het lekkerst) en hussel ze in een kom door elkaar. Bekleed een bakplaat met bakpapier en verdeel de aardappelschijfjes erover.
Maak de shiitakes schoon en doe ze samen met het paprikapoeder, olie en tamari in een kom. Roer goed. Leg ze op bakpapier op de bakplaat. Zet de zoete aardappel en shiitakes samen in de oven. Rooster de aardappel in ongeveer 30 minuten gaar. De shiitakes mogen al na 20 minuten uit de oven.*
Breng een ruime pan water aan de kook en kook de macaroni met eventueel wat zout volgens de aanwijzingen op de verpakking beetgaar. Haal de zoete aardappelen uit de oven en doe ze samen met de geweekte cashewnoten, het citroensap, de mosterd, knoflook, tamari en geelwortel in de keukenmachine of blender. Mix tot een smeuïge saus. Doe de cashew-aardappelmassa bij de afgegoten macaroni in een pannetje en roer alles goed door elkaar. Voeg eventueel nog wat zout toe. Schep een portie pasta in een kom en strooi er shiitake-bacon overheen. *Enjoy!*

Houdbaarheid
3 dagen in een luchtdicht afgesloten bak in de koelkast.

Geen grote oven? Bak dan de zoete aardappel en shiitakes apart van elkaar.

DINER

Vegan

TEMPEHBURGER

Ingrediënten (voor 6 burgers)
- 100 g wortel
- 1 kleine ui
- 230 g tempeh
- handje peterselie
- handje basilicumblaadjes
- 100 g kikkererwten, uit pot (uitgelekt gewicht)
- 1 el olijfolie, extra vierge
- 2 el tamari (glutenvrije sojasaus)
- 2 tl komijnpoeder
- 1 tl paprikapoeder, gerookt
- zeezout, naar wens
- (kokos)olie of ghee, om in te bakken
- 6 broodjes (spelt of homemade, zie pag. 74)

Cashew-knoflooksaus
- 70 g cashewnoten
- 2 teentjes knoflook
- 1 el ahornsiroop
- sap van ½ citroen
- 1 el olijfolie, extra vierge
- 4 el water

Benodigdheden
keukenmachine (aanbevolen) of blender

Weektijd: min. 4 uur
Bereidingstijd: ca. 30 minuten

Bereiding
Week voor de saus de cashewnoten minimaal 4 uur in water. Snijd de wortel en de ui in kleine stukjes en doe deze daarna met de tempeh, peterselie, basilicum, kikkererwten, olijfolie en tamari in de keukenmachine (of blender) en mix alles fijn. Doe het mengsel in een kom en roer het samen met de chiasmurrie, komijn, paprikapoeder en zout tot een dikke massa. Maak er 6 balletjes van, druk ze wat plat en laat ze rusten. Doe voor de cashew-knoflooksaus de geweekte cashewnoten, knoflook, ahornsiroop, citroensap, olijfolie en water in de keukenmachine. Mix alles tot een romige massa. Doe het in een potje met nog 2 eetlepels water.*
Doe wat (kokos)olie in de koekenpan en bak de burgers een aantal minuten aan beide kanten. Beleg de broodjes eventueel met wat ijsbergsla, tomaat of andere toppings naar wens. Leg de burger erop en schenk er wat cashew-knoflooksaus overheen. Geniet!

Houdbaarheid
3 dagen in een luchtdicht afgesloten bakje in de koelkast, max. 3 maanden in de vriezer.

*Als je het laat staan wordt de saus dikker. Voor een wat dunnere saus kun je eventueel nog wat water toevoegen.

3 - FOOD

Yes! Eindelijk is hier mijn vegan burger. Ik heb geen ei en meel gebruikt, dus hij is niet super crunchy. Maar hij is soo good, vooral met een dot cashew-knoflooksaus.

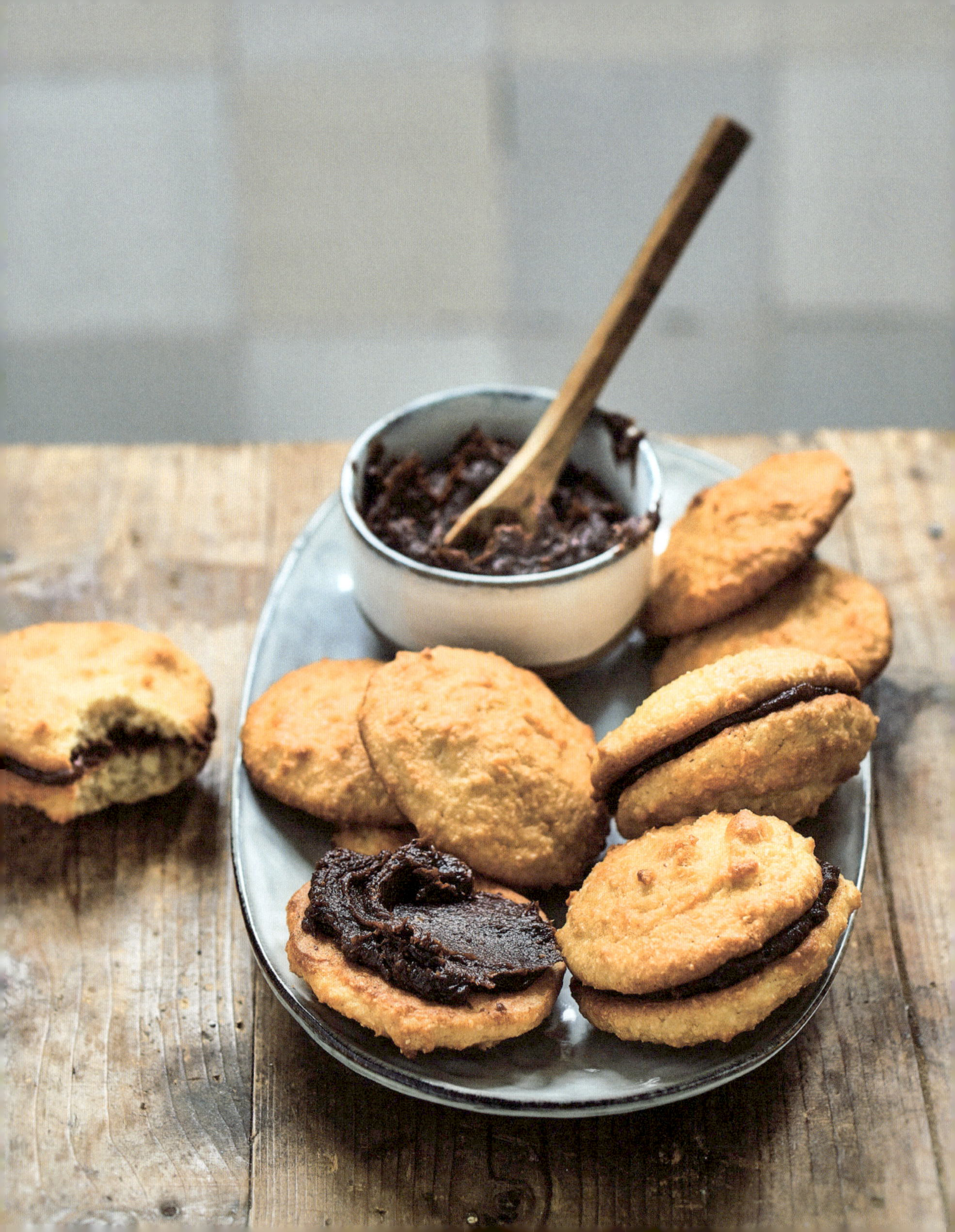

SWEETS & SNACKS

EIERKOEKEN MET DADELVULLING

Heel veel liefde voor deze superlekkere treat! De zachte, luchtige koeken zijn al lekker op zich, maar de *yummy* zoete vulling maakt het helemaal af.

Ingrediënten: (6 eierkoeken)
- 4 grote eieren
- 4 el ahornsiroop
- 200 g amandelmeel
- 60 g kokosrasp
- rasp van 1 citroen
- 2 tl citroensap
- 1 tl baking soda
- wat (kokos)olie of ghee om in te vetten

Vulling
- 6 Medjouldadels
- 1 tl vanillepoeder, ongezoet
- 4 el water
- mespuntje zeezout
- 1 el cacaopoeder

Benodigdheden
(ongebleekt) bakpapapier; keukenmachine of blender

Bereidingstijd: 10 minuten

Bereiding
Verwarm de oven voor op 180 °C.
Klop de eieren luchtig en voeg dan de ahornsiroop toe. Klop nogmaals. Doe vervolgens de rest van de ingrediënten erbij en roer alles luchtig door elkaar.
Vet een bakplaat in met wat kokosolie of leg er bakpapier op. Schep het deeg met een grote lepel in 12 hoopjes op de bakplaat en bak ze 15 minuten of tot ze goudbruin zijn in de voorverwarmde oven.
Maak ondertussen de vulling. Ontpit de dadels en doe het vruchtvlees samen met de andere ingrediënten in de keukenmachine (of blender). Mix alles tot een romig geheel. Doe vervolgens de vulling tussen twee koeken en serveer!

Houdbaarheid
3 dagen in een afgesloten trommel.

Maak je eigen amandelmeel: mix amandelen fijn in de blender of keukenmachine en – tadaaa! Heerlijk voor in taartjes, burgers en koekjes.

Heb je wat drogere dadels? Week ze dan 15 minuten in heet water.

3 - FOOD

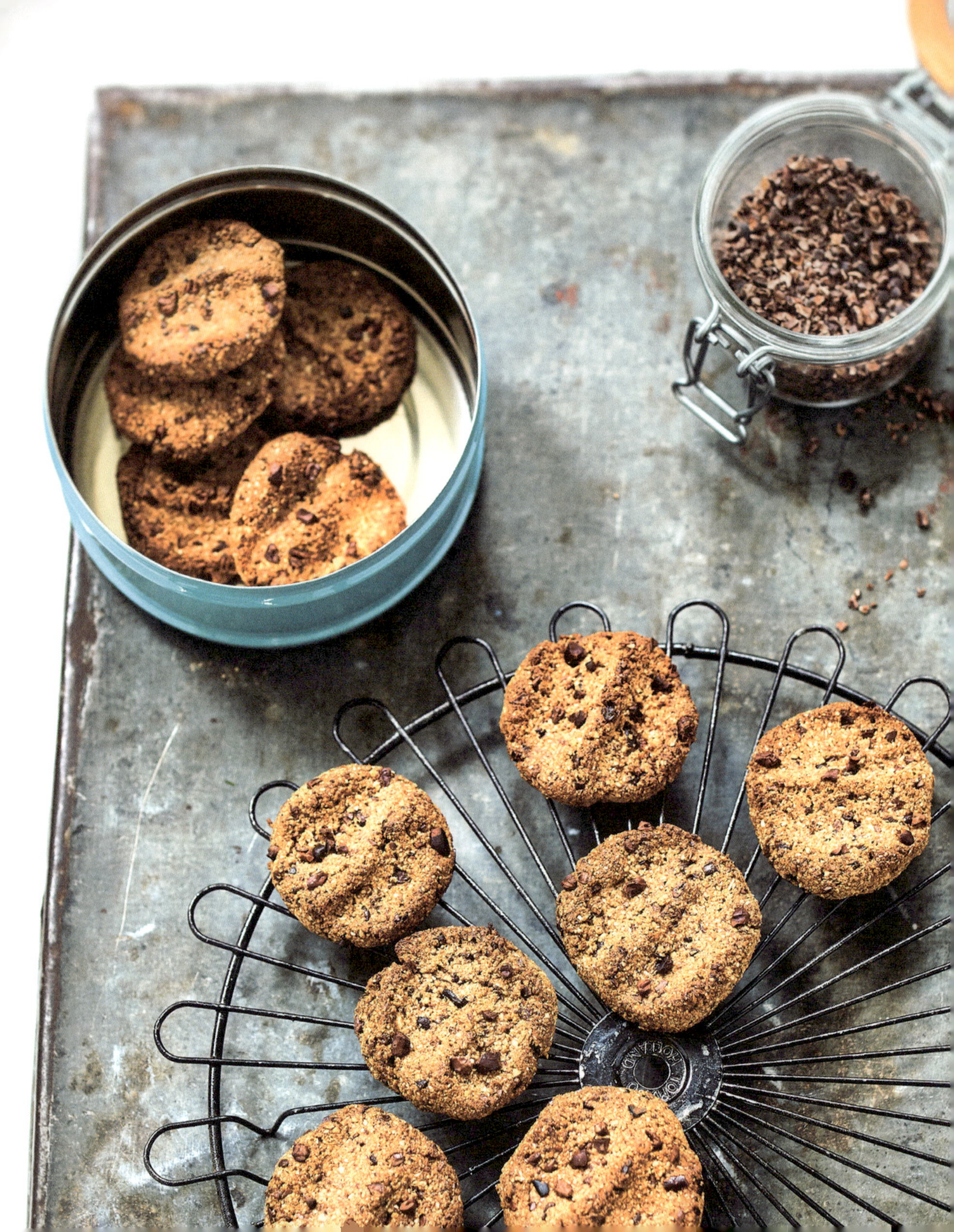

SWEETS & SNACKS

Vegan

CHOCOLATE CHIP COOKIES

Oh, deze cookies zijn *the best!* Als ik ze maak, halen ze meestal niet eens de koekjestrommel. Ben benieuwd of jij er wel van af kunt blijven.

Ingrediënten (ca. 20 koekjes)
- 100 g amandelmeel
- 100 g spelt- of havermeel
- 1 tl baking soda
- 2 tl vanillepoeder, ongezoet
- 220 g Medjouldadels (± 10 stuks)
- 100 ml ahornsiroop
- 1 tl appelazijn, troebel
- 100 g chocolade (puur, in heel kleine stukjes)
- (kokos)olie of ghee, voor het invetten

Benodigdheden
keukenmachine (aanbevolen) of blender, (ongebleekt) bakpapier

Bereidingstijd: 10 minuten
Baktijd: ca. 15 minuten

Bereiding
Verwarm de oven voor op 180 °C.
Doe het meel, de baking soda en vanillepoeder in een kom en roer goed door. Haal de pitten uit de dadels. Mix de dadels met de ahornsiroop en appelazijn in de keukenmachine of blender tot een romig geheel.
Voeg nu alles bij elkaar (inclusief de chocolade) en kneed het met je handen tot een soepel deeg. Maak er zo'n 20 kleine balletjes van en leg ze op een ingevette of met bakpapier bedekte bakplaat. Druk ze plat als poffertjes en bak ze 15 minuten of tot ze gaar zijn in de voorverwarmde oven. Kijk af en toe of ze niet aanbranden. Warm zijn ze het allerlekkerst, maar laat ze wel een beetje afkoelen.

Houdbaarheid
5 dagen in een luchtdicht afgesloten trommel of max. 3 maanden in de vriezer.

Voeg eventueel een handje cacaonibs toe voor een extra crunch.

3 - FOOD

SWEETS & SNACKS

Vegan

STRAWBERRY CHEESECAKE

Ingrediënten (1 taart)

Bodem
- 90 g zachte (Medjoul)dadels of rozijnen
- 210 g rauwe amandelen
- ½ tl zeezout
- 40 ml water

Vulling
- 300 g cashewnoten
- 200 g aardbeien
- 100 ml kokosmelk
- 100 ml ahornsiroop
- 100 ml citroensap
- 1 tl vanillepoeder, ongezoet
- 80 g kokosolie, gesmolten
- snufje zeezout

Topping
- 10 aardbeien
- geraspte kokos (optioneel)
- geraspte pure chocolade (optioneel)

Benodigdheden
(ongebleekt) bakpapier;
keukenmachine; taartvorm Ø 20 cm

Weektijd: min. 4 uur
Bereidingstijd: 30 minuten
Wachttijd: 2 uur

Bereiding

Week voor de vulling de cashewnoten minimaal 4 uur in water.
Maak ondertussen de bodem door alle ingrediënten hiervoor in de keukenmachine te mixen. Het 'deeg' voor de bodem is goed als het een grote plakkerige bal wordt (tip: is het deeg niet plakkerig genoeg, voeg dan 1 à 2 eetlepels water toe). Leg wat bakpapier op de bodem van de vorm en verdeel het deeg hierover, druk goed aan.
Voor de vulling maal je alle ingrediënten (inclusief de geweekte cashewnoten) in de keukenmachine tot een mooie smeuïge massa. Verdeel de vulling over de bodem. Zet de cheesecake nu minimaal 2 uur in de vriezer om op te stijven, vervolgens kun je hem in de koelkast bewaren. Serveer met gesneden aardbeien en eventueel wat geraspte kokos en/of chocolade. Geniet ervan!

Tip voor een alternatieve bodem:
120 g zonnebloempitten, 120 g pompoenpitten, 2 el hennepzaden, optioneel, 120 g zachte (Medjoul)dadels, $\frac{1}{4}$ tl zeezout, 3 tot 5 el water

Deze frisse cheesecake met aardbeien-cashew-kokosvulling én aardbeien on top is hemels! En het allerfijnste: alle ingrediënten zijn voedzaam.

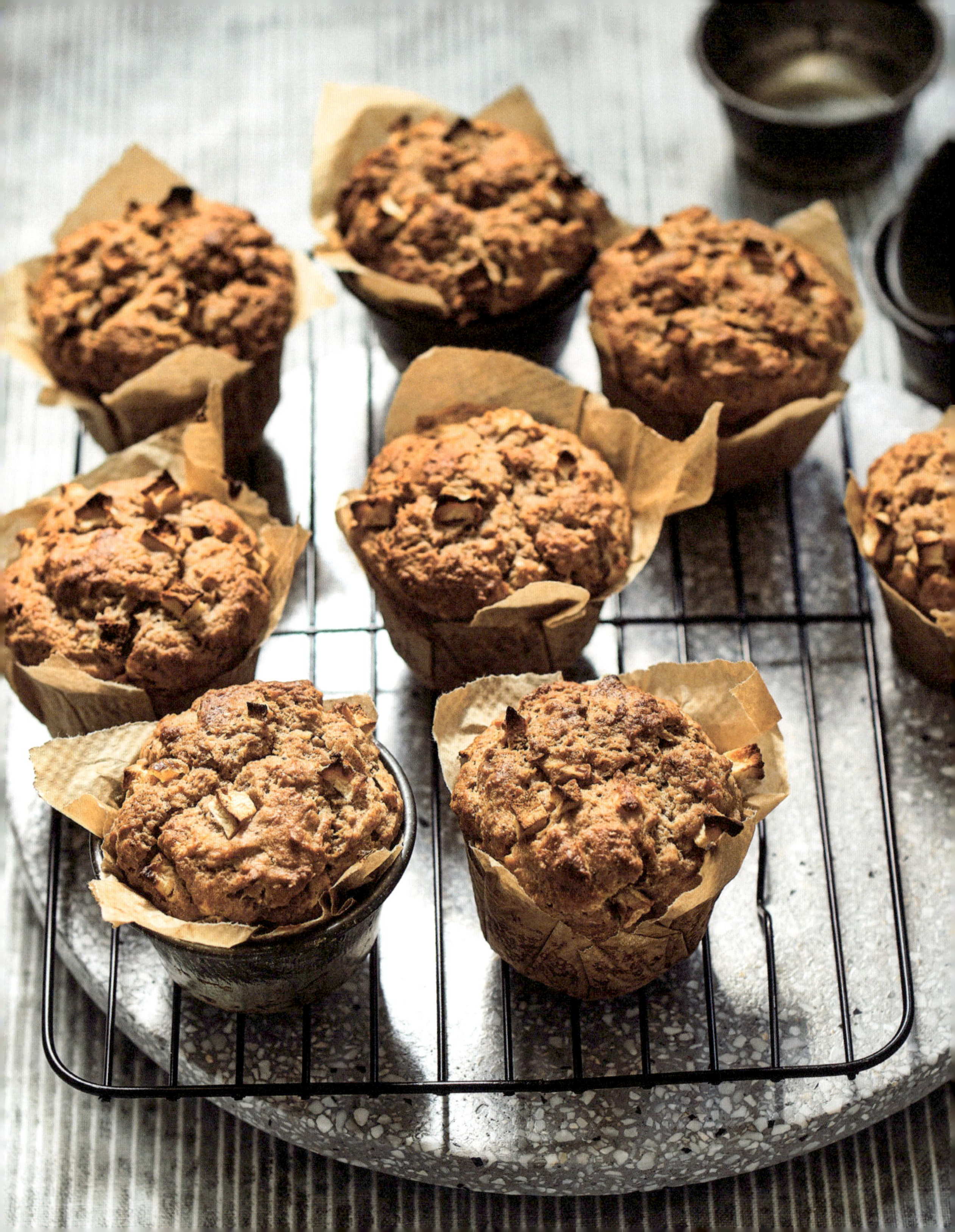

SWEETS & SNACKS

APPLE MUFFINS

Bananenbrood en muffins zijn mijn favoriete snacks bij de koffie of thee. En deze met appel en kaneel zijn misschien wel mijn lievelings. Warm zijn ze het lekkerst!

Ingrediënten (ca. 8 muffins)
- 300 g volkorenspeltmeel (of ander meel naar wens)
- 1½ tl baking soda
- 1 tl kaneelpoeder
- ½ tl vanillepoeder, ongezoet
- ½ tl zeezout
- 2 eieren, bij voorkeur op kamertemperatuur
- 1 tl appelazijn, troebel
- 40 g kokosolie, gesmolten
- 100 ml ahornsiroop
- 150 g amandelgurt*
- 200 g appelmoes, ongezoet
- 150 g appel (ca. 1½ appel)
- stukjes appel, optioneel
- (kokos)olie of ghee, om in te vetten

Benodigdheden
(ongebleekt) bakpapapier; muffinvorm

Bereidingstijd: 10 minuten

Bereiding
Verwarm de oven voor op 180 °C.
Doe alle droge ingrediënten in een kom en roer goed door elkaar. Kluts de eieren in een andere kom, voeg hier de appelazijn, kokosolie, ahornsiroop, 'amandelgurt' en appelmoes aan toe en roer goed door. Schil de appel en rasp fijn. Doe de geraspte appel in de kom met de natte ingrediënten, voeg vervolgens de gemengde droge ingrediënten toe en roer alles nogmaals goed door elkaar. Voeg eventueel nog wat extra stukjes appel toe. Vet de muffinvorm in of bekleed de holtes met bakpapier. Schep het mengsel in de holtes en bak de muffins 40 minuten of tot ze gaar zijn in de voorverwarmde oven. Controleer tegen het einde van de baktijd regelmatig of ze gaar zijn. Warm zijn ze heerlijk!

Houdbaarheid
3 dagen in een afgesloten trommel of 3 maanden in de vriezer.

Plantaardige variatie op yoghurt. Je kunt ook kiezen voor 'kokosgurt' (heb je wel een kokossmaak), 'havergurt' of 'cashewgurt'.

3 - FOOD

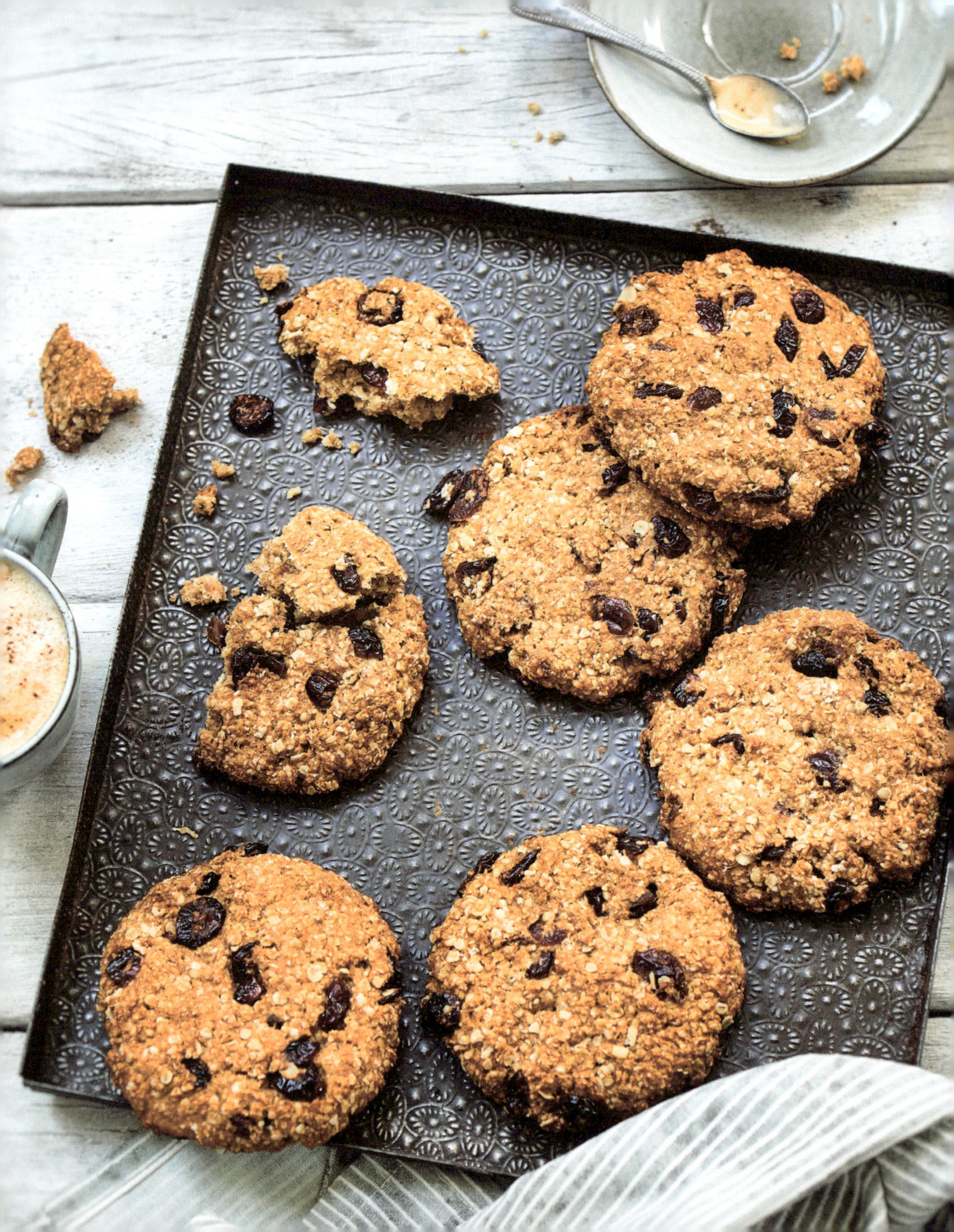

SWEETS & SNACKS

HAVERKOEKEN

Vegan

Mijn overgrootvader stond bekend om zijn haverkoeken. Ik treed natuurlijk graag in zijn voetsporen! Deze grote koeken zijn perfect als je behoefte hebt aan een vullende snack.

Ingrediënten (6 grote haverkoeken)
- 200 g havervlokken
- 125 g volkoren speltmeel
- 125 g gedroogde cranberry's (of rozijnen)
- ½ tl baking soda
- 75 g dadelsuiker (kan ook met kokosbloesem- of andere niet-geraffineerde suiker)
- ½ tl vanillepoeder, ongezoet
- ½ tl zeezout
- 80 g kokosolie, gesmolten
- 200 g appelmoes, ongezoet
- 1 tl citroensap

Benodigdheden
(ongebleekt) bakpapier

Bereidingstijd: ca. 12 minuten
Baktijd: 25 à 30 minuten

Bereiding
Verwarm de oven voor op 180 °C.
Doe de droge ingrediënten in een kom en hussel door elkaar. Voeg de kokosolie, appelmoes en het citroensap toe. Roer nogmaals alles goed door tot een stevig mengsel. Kneed eventueel met je handen.
Draai 6 ballen, leg ze op een met bakpapier bedekte bakplaat en druk ze plat. Bak ze 30 minuten of tot ze goudbruin zijn in de voorverwarmde oven, laat ze afkoelen en enjoy!

Houdbaarheid
5 dagen in een luchtdicht afgesloten trommel of 3 maanden in de vriezer.

3 - FOOD

SWEETS & SNACKS

Vegan

MEGATRUFFELS

Dé ideale snack voor *chocolate lovers*. Heel leuk op een schaaltje als je bezoek krijgt, maar je kunt ze ook invriezen en er steeds eentje pikken als je trek hebt.

Ingrediënten (8 stuks)
- 6 Medjouldadels (of 6 geweekte dadels)
- 4 el cacaopoeder, rauw
- 60 g zonnebloempitten
- 60 g pompoenpitten
- 70 g kokosrasp
- 50 g kokosolie, koudgeperst
- 100 g cashewnoten, rauw
- 1 tl kaneelpoeder
- snufje zout, naar wens
- 3 el water
- 2 druppels CBD-olie, optioneel
- 3 el sesamzaad, optioneel

Benodigdheden
keukenmachine (aanbevolen) of blender

Bereidingstijd: 15 minuten
Wachttijd: ca. 30 minuten

Bereiding
Verwijder de pitten uit de dadels en mix vervolgens alle ingrediënten in de keukenmachine of blender tot een plakkerig geheel. Als het mengsel wat droog blijft, kun je wat water toevoegen. Rol er met je handen 8 ballen van en leg ze op een schaal of bord in de koelkast. Laat ze wat opstijven voordat je ze in een luchtdicht afgesloten bakje doet. Deze truffels kun je ook heel goed invriezen.

Houdbaarheid
1 week in een luchtdicht afgesloten bakje in de koelkast of 3 maanden in de vriezer.

Je kunt de ballen eventueel door 3 eetlepels sesamzaad rollen.

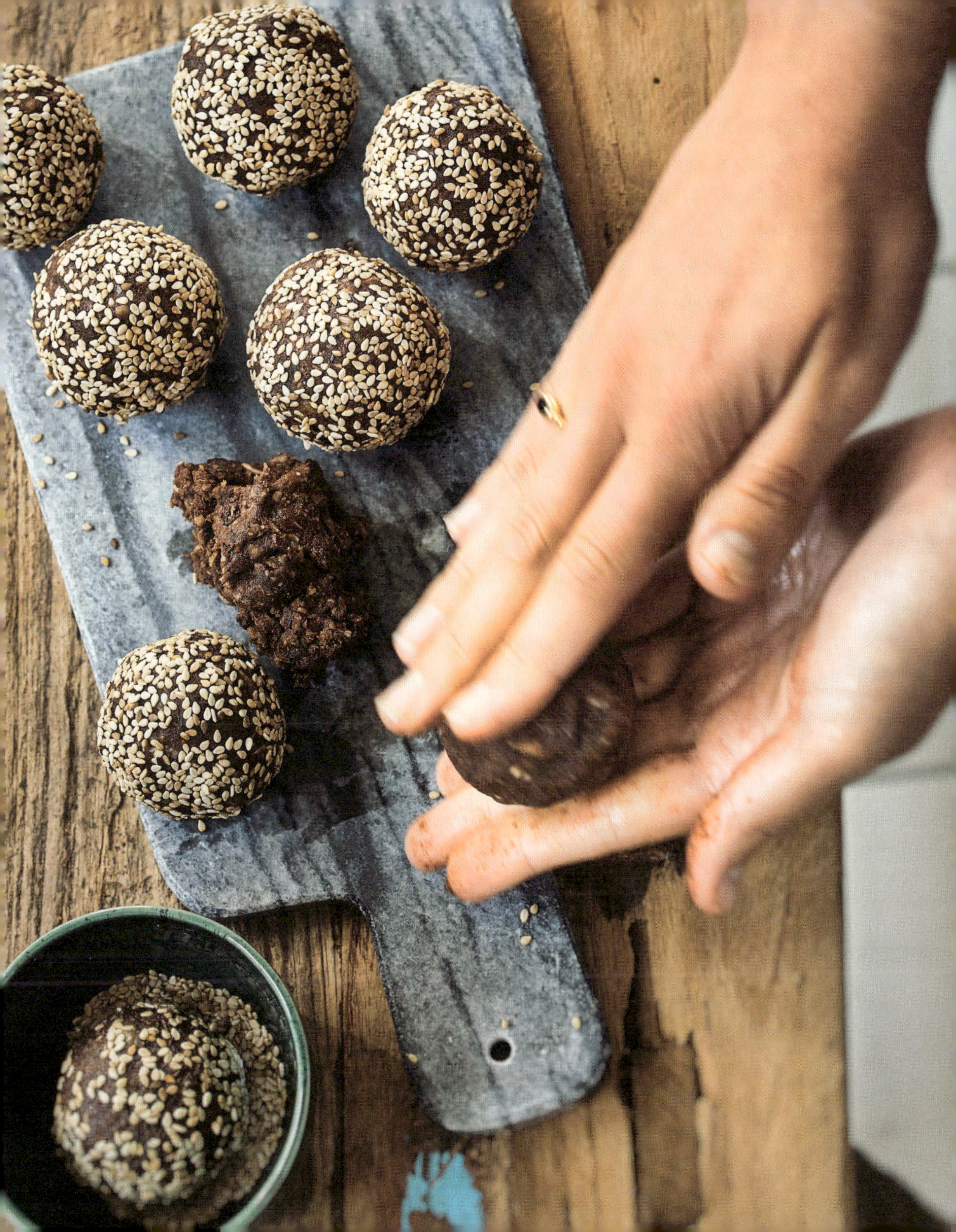

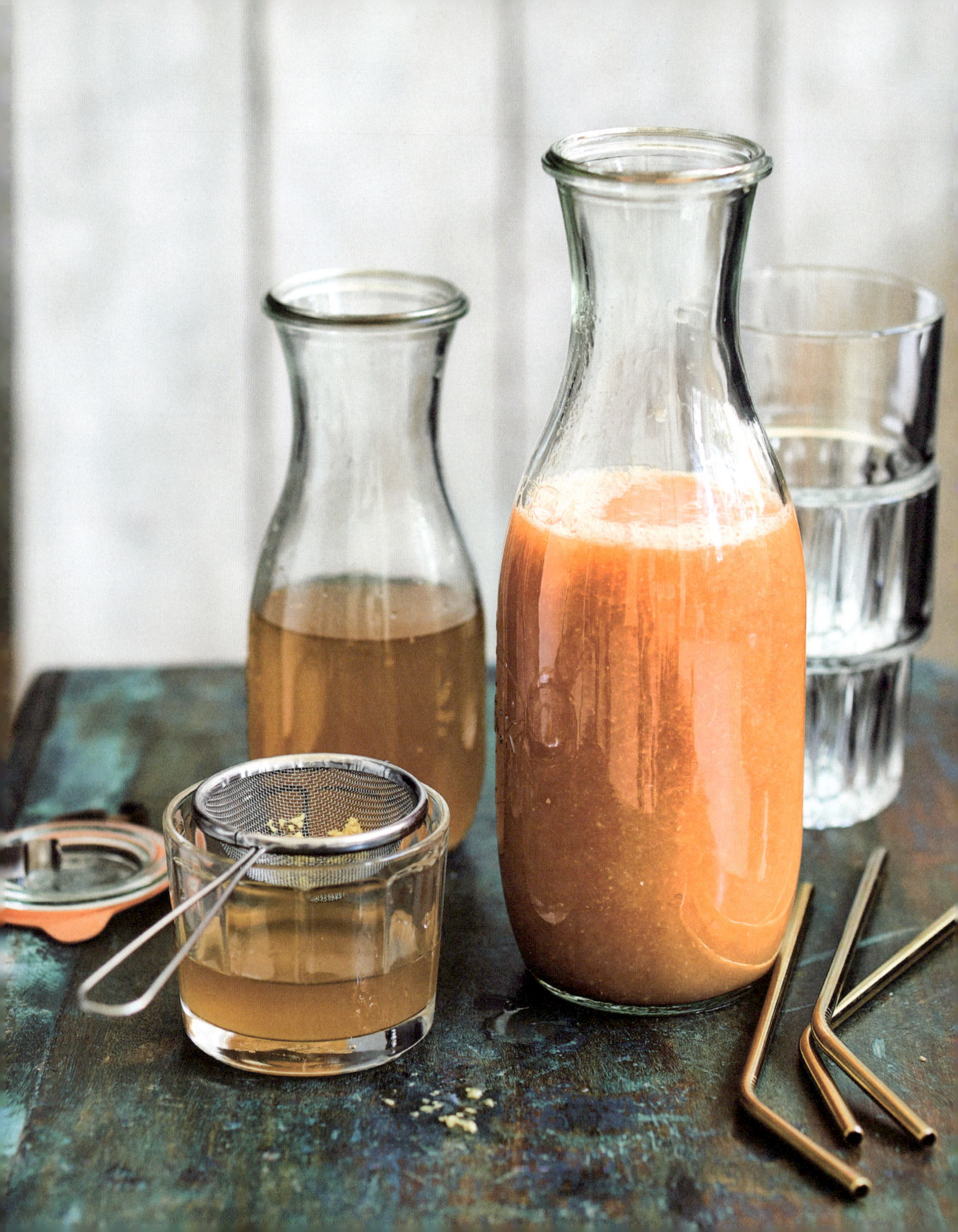

DRINKS

APPELAZIJN-DRINK *Vegan*

Dit is zo goed voor je spijsvertering en voor je huid. Ik vind het warm het lekkerst, maar koud met wat ijsblokjes ook erg verfrissend.

Ingrediënten (ca. 500 ml)
- 100 ml appelazijn, troebel
- 3 el ahornsiroop
- sap van 1 citroen
- 1 el verse gember, geraspt
- snufje zeezout
- 2 mespuntjes cayennepeper
- 400 ml heet water

Benodigdheden
zeefje

Bereidingstijd: 15 minuten

Bereiding
Schenk alles in een pot die je af kunt sluiten en laat het minimaal 10 minuten trekken. Schenk een derde van het mengsel door een zeefje in een mok en doe er er naar wens wat heet of juist koud water bij.

Houdbaarheid
3 dagen in een luchtdicht afgesloten pot in de koelkast.

POWER JUICE! *Vegan*

Dit drankje zit vól power en vitamine C. Top om je dag mee te beginnen, maar ook de rest van de dag lekker met wat ijs en verse munt.

Ingrediënten (ca. 1 liter)
3 sinaasappels
2 grapefruits
2 citroenen
2 duimen verse gember
1 peper, groen (semi-scherp)

Benodigdheden
juicer

Bereidingstijd: 20 minuten

Bereiding
Schil de sinaasappels, grapefruits en citroenen. Pers deze in de juicer en voeg dan gember en peper toe. Schud goed en verdeel het over glazen.

Houdbaarheid
2 dagen in een afgesloten pot of fles in de koelkast, vers het lekkerst.

3 - FOOD

Vegan

KOFFIETJE

Na een glas lauwwarm water met citroen, maak ik 's ochtends vaak deze koffie. Het geeft energie, maar bezorgt me geen cafeïne crash. En ik heb gedurende de dag minder cravings.

Ingrediënten (1 kopje)
- 1 kopje koffie
- 1 el kokosolie, koudgeperst of 1 el MCT-olie, of 1 el ghee
- ¼ tl vanillepoeder, ongezoet

Optioneel
1 tl ahornsiroop, 1 tl rauwe cacao of snufje kaneelpoeder

Benodigdheden
koffiezetapparaat; blender (of staafmixer)

Bereidingstijd: 5 minuten

Bereiding
Zet een kopje koffie en mix de warme koffie samen met de andere ingrediënten 30 seconden in de blender of met de staafmixer. Giet het drankje dan in je favoriete koffiebeker en geniet!

Houdbaarheid
Direct opdrinken.

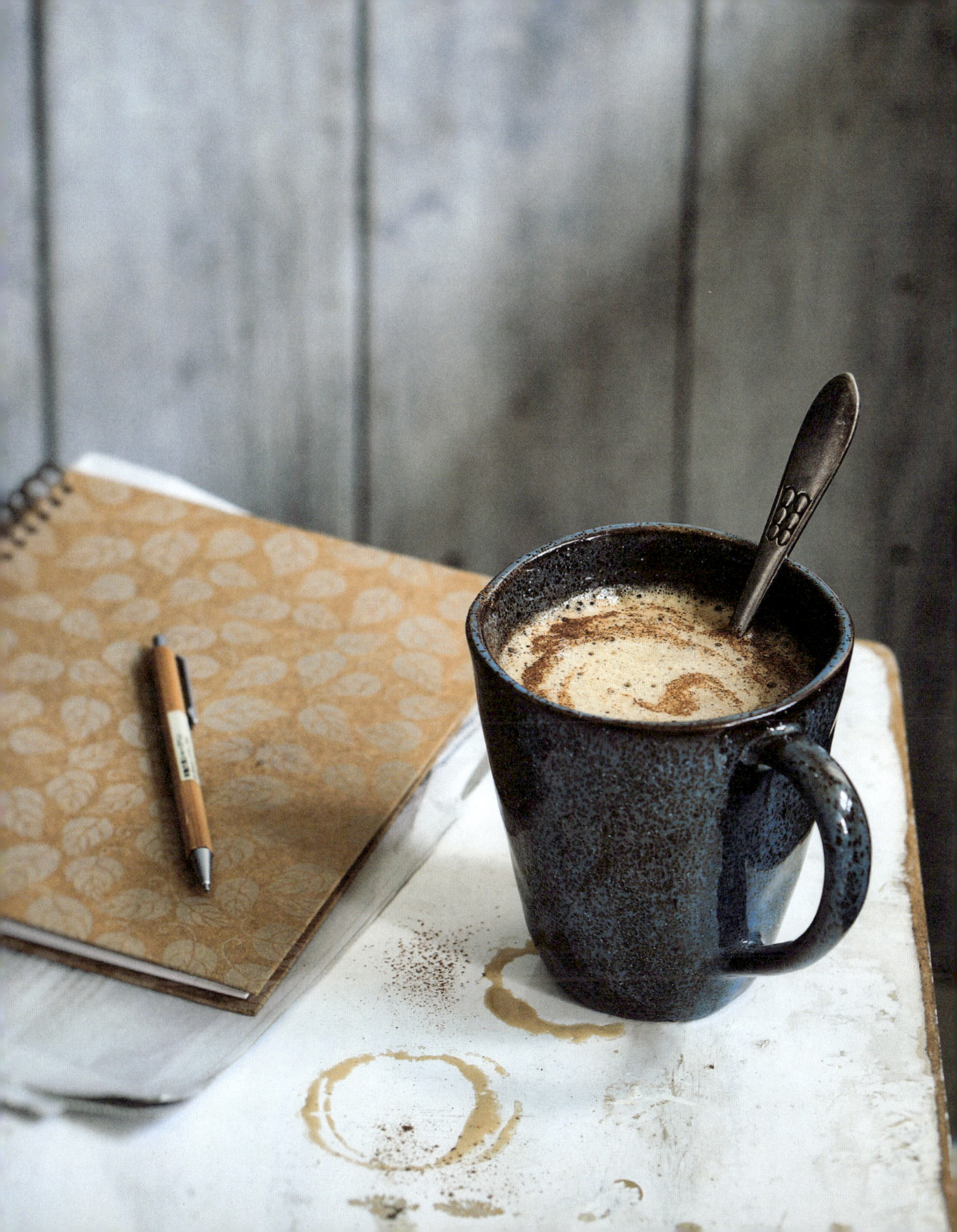

Oh la la lavendel... Ik ontspan meteen bij de geur! Deze latte zorgt voor instant relaxation. De ice tea met ontgiftende hibiscus drink ik als mijn lijf om balans vraagt.

DRINKS

HIBISCUS-IJSTHEE

Vegan

Ingrediënten (1 kan)
- 1 l water
- 2 el gedroogde hibiscus
- 2 el ahornsiroop
- sap van 1 limoen

Benodigdheden
zeefje; kan of pannetje

Bereidingstijd: 20 minuten

Bereiding
Kook 1 liter water en schenk het samen met de hibiscus en ahornsiroop in een hittebestendige kan. Of verhit 1 liter water in een pannetje met de siroop en de hibiscus.
Laat het helemaal afkoelen en voeg daarna het limoensap toe. Schenk de thee door een zeefje in glazen met ijsklontjes en geniet!

Houdbaarheid
3 dagen in een luchtdicht afgesloten pot of fles in de koelkast.

Ook lekker als warme thee.

3
-
FOOD

LAVENDEL LATTE

Ingrediënten (1 mok)
- 300 ml amandeldrank (of andere plantaardige melkvervanger naar wens), ongezoet
- 1 el (gedroogde) lavendelbloemetjes
- mespuntje vanillepoeder, ongezoet
- ¼ tl kokosolie, koudgeperst
- 1 grote druppel CBD-olie, optioneel
- 2 el cacaopoeder, optioneel
- 1 tl honing, of meer naar wens

Benodigdheden
zeefje

Bereidingstijd: 5 minuten

Bereiding
Verwarm de amandeldrank met de lavendel en laat het 2 minuten trekken. Zeef de lavendel eruit, schenk in een mok en voeg dan vanillepoeder en eventueel wat kokosolie, CBD-olie of cacaopoeder toe. Roer er wat honing doorheen en voilà.

Houdbaarheid
Direct opdrinken.

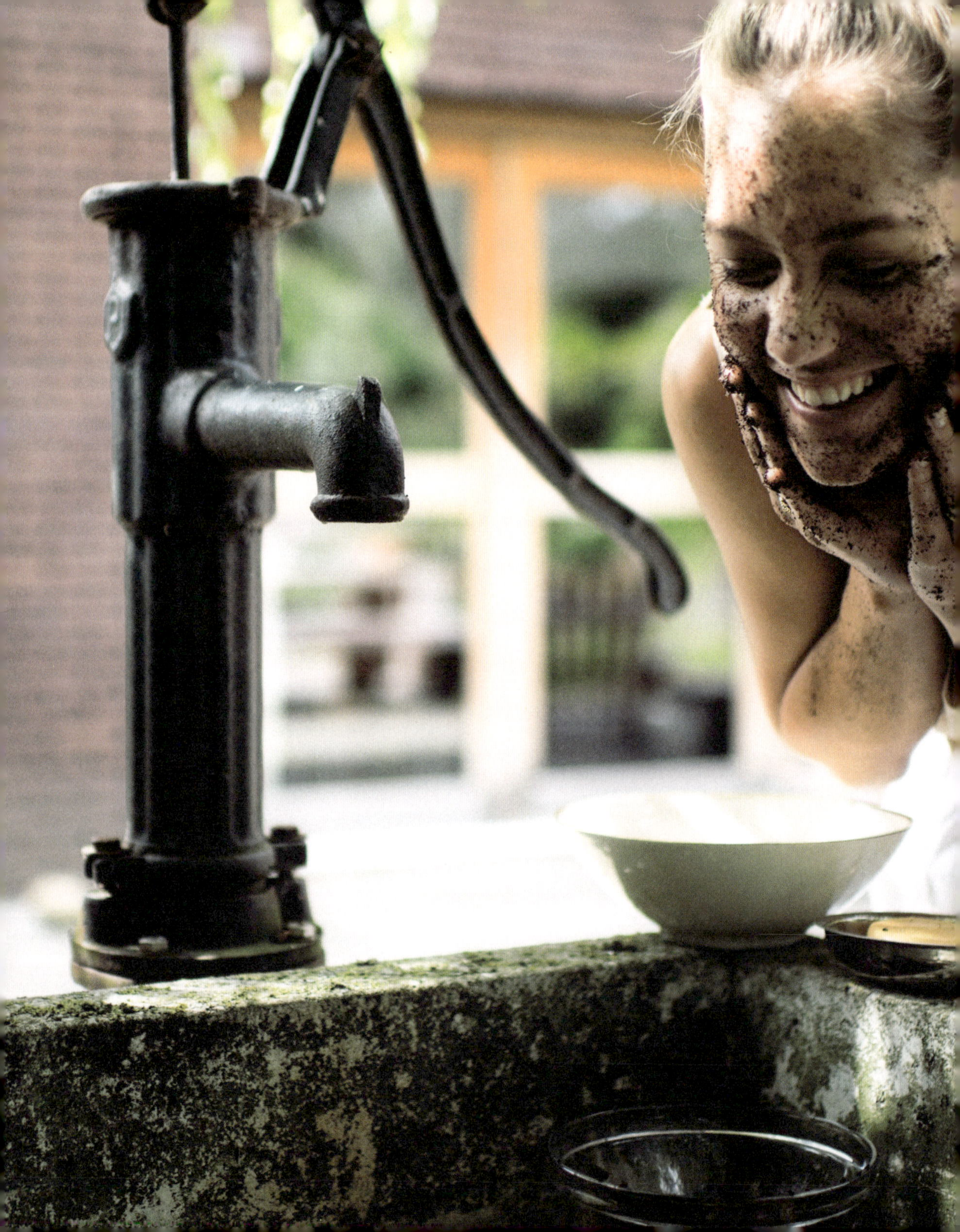

4
-
BEAUTY

Je bent zo mooi als je je voelt. Het is zó belangrijk om je lijf lief te hebben en het goed te verzorgen. Je lichaam is je thuis en verdient het om met aandacht gepamperd te worden. In dit hoofdstuk vertel ik je hoe ik mijn lijf verzorg, mijn *flaws* omarm en elke dag voor de allerbeste beautyproducten kies, namelijk... *home made!*

"Beauty begins the moment you decide to be yourself."

Quote – Coco Chanel

Bij ons thuis hing vroeger een grote spiegel in de gang, waar ik vaker dan eens per dag in keek. Ik was als kind de molligste van de klas. Dat wist ik, maar ik had er weinig last van omdat er niet echt de nadruk op werd gelegd. Ik was gelukkig met mijn uiterlijk. Mijn zus was wel altijd slanker dan ik – ik zie me nog mijn billen met die van haar vergelijken – maar ik was tevreden. De onzekerheid sloeg toe toen ik verliefd werd op een jongetje uit de klas. Ik deed er alles aan om mezelf te laten zien. Ik deed zelfs lipgloss op, maar *to be honest*: hij heeft me nooit echt zien staan, haha. Ik werd me sindsdien wel een stuk bewuster van mijn figuur; ik begon mijn huid te verzorgen en make-up te gebruiken. Ik wilde mezelf mooi maken.

Maar wat is 'mooi' als je het hebt over uiterlijk? Het antwoord is volgens mij voor iedereen anders. Wat ik als mooi bestempel, vind jij misschien wel helemaal niet zo bijzonder. Gelukkig maar. Helaas worden we steeds meer beïnvloed door filtertjes die de werkelijkheid vertekenen en het schoonheidsideaal dat we voorgeschoteld krijgen. We vergelijken ons met anderen en dat maakt ons extreem bewust van hoe we eruitzien. Want dat is namelijk nooit zoals op een plaatje. Wat mij helpt? De gedachte dat elk beeld dat je in de media ziet onwerkelijk is. Oftewel: het is niet echt. Het is gestileerd, opgepoetst en soms zelfs helemaal veranderd. Jouw zelfbeeld zou daar niet op gebaseerd moeten zijn. Veel fijner is het om je zelfbeeld te baseren op hoe je je van binnen voelt.

Want ik geloof dat je dát uitstraalt. Als je zelfverzekerd en gelukkig bent, zullen je ogen en je glimlach dat showen. En als je straalt, zal het leven je een stuk soepeler af gaan. Vertrouwen in jezelf zorgt dat je makkelijker tegenslagen kunt incasseren en beter kunt omgaan met negativiteit of mensen die je het leven zuur maken. Én wie zich lekker in z'n lijf voelt, zorgt er ook goed voor. Daarom onthullen ook je huid, je haar, je handen en je tanden hoe je je voelt. Liefde voor jezelf, betekent liefde voor je lijf. En dat zie je. Ook aan de buitenkant.

4
BEAUTY

LOVE THE WAY YOU LOOK

4 — BEAUTY

Aandacht voor je lijf

Jezelf goed verzorgen is wat mij betreft essentieel voor een happy en healthy lifestyle. Je bent op je allermooist als je je lijf goed verzorgt. Dat doe je natuurlijk door het fit en fris te houden, maar in de eerste plaats door te accepteren en te waarderen hoe je eruitziet. Je bent zó mooi! Echt. OMG, kijk eens goed naar jezelf! Zelfs de dingen die jij niet goed genoeg aan jezelf vindt, zijn fantastisch. *Trust me*. Een positieve kijk op je lichaam is de belangrijkste verzorging. Natuurlijk heb je dagen dat je er strakker uit wilt zien, dat je huid van streek is of je haar niet zit. Heb ik ook. Maar puntje bij paaltje weet ik dat het niet helpt om me hier heel druk om te maken. Dus probeer ik op die momenten vooral extra lief voor mijn lijf te zijn en het met volle aandacht te verzorgen. Door het een goede nacht slaap, gezonde voeding, een lekkere scrub onder de douche, een fijne sportsessie en soms een lippenstift in een knalkleurtje te gunnen.

CHECKLIST: FEEL GOOD, LOOK GOOD

Focus op wat je leuk vindt. Leef je **passie**!

Schrijf op waarvoor je **dankbaar** bent en *speak it*.

Smile! Het werkt aanstekelijk.

Ga **geen competitie** aan met anderen.

Eet **gezond**.

Verzamel **fijne mensen** om je heen.

Beweeg! Daarmee maak je **endorfines** aan en daar word je blij van.

Wees **lief** voor jezelf en **verzorg je lijf** goed.

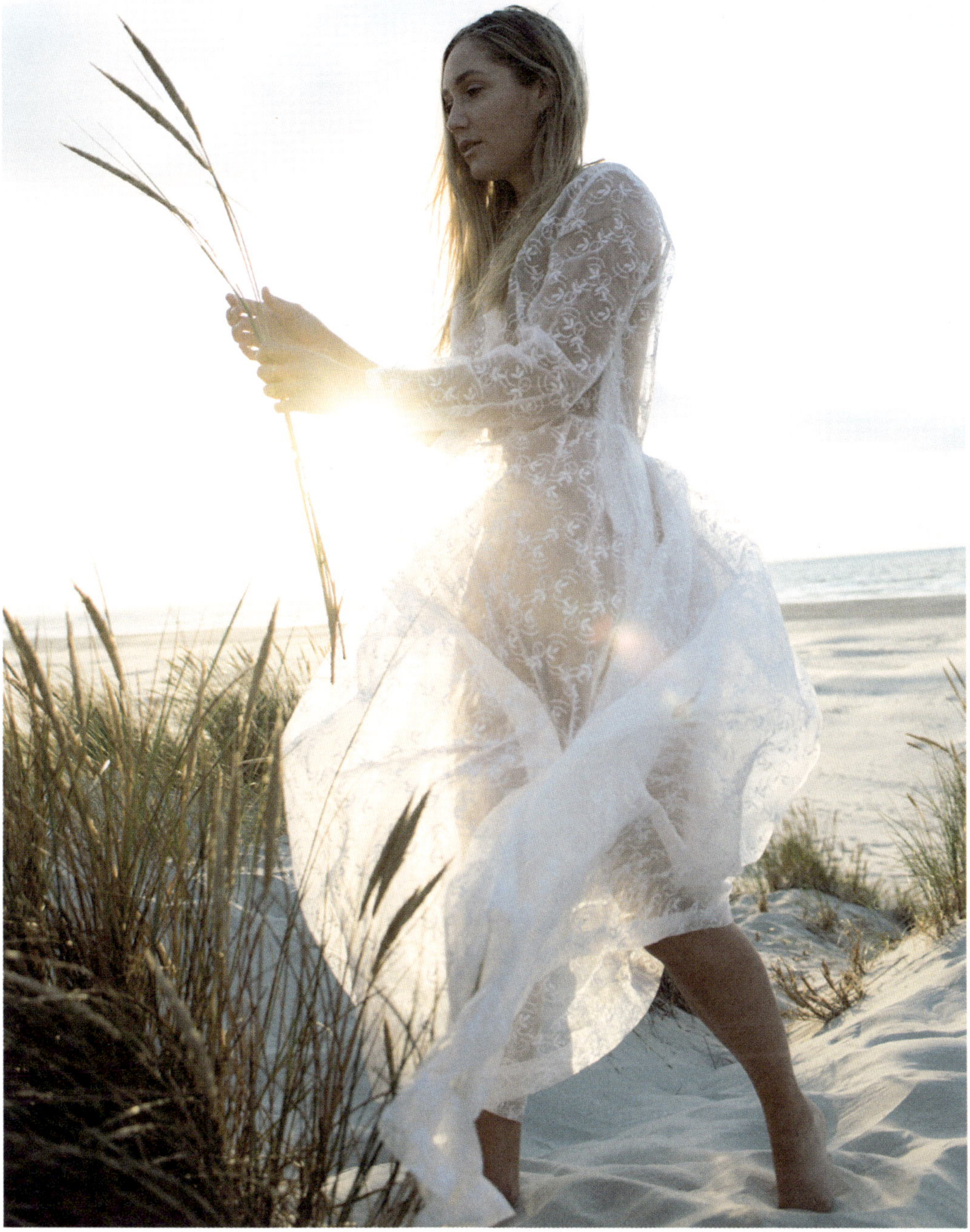

No nasties

Hoe jij je lijf het liefst verzorgt is heel persoonlijk. Houd je van geurige crèmes, of liever een basic olie? Gebruik je opvallende make-up, of ga je voor een *natural look*? Douche je het liefst lekker warm, of durf je een koude straal aan? Wat ik zelf essentieel vind, is dat ik gezonde producten gebruik. Naast goed eten is dat minstens zo belangrijk voor je lijf, als je het mij vraagt. De huid is het grootste orgaan van ons lichaam. Veel lotions en oliën die je erop smeert, blijven in de hoornlaag hangen waardoor je huid lekker gehydrateerd blijft. Maar niet alles blijft daar. Er zijn stofjes die dieper binnendringen en tja, ik wil liever niet dat chemische stoffen mijn huid verouderen of hormonen verstoren. Voor ik een product koop, lees ik daarom de ingrediëntenlijst zorgvuldig door.

Home made

Twee graadmeters die ik aanhoud in de keuze voor producten zijn:
1. Zou ik dit op de huid van een kind smeren?
2. Zou ik dit kunnen opeten?
Klinkt gek, maar dat is eigenlijk wel wat je wilt. Zéker als je je bedenkt dat alles wat je opsmeert voeding voor je lijf is. Wat je voor je huid gebruikt, is daarom nét zo belangrijk als wat je in je mond stopt. En laten we eerlijk zijn, bij de meeste producten die je koopt is het antwoord op beide vragen: nee. Dé oplossing? Zélf je beautyproducten maken. Met ingrediënten die je normaal gesproken in je keukenkastje zou bewaren. Eén keer in de maand neem ik de tijd om een middagje de potjes op mijn wastafel aan te vullen. En dat doe ik niet bij de drogist, maar in de keuken. Van deodorant tot body scrub. Ik maak het 't liefst allemaal zelf. Vanaf pag. 125 vind je mijn lekkerste recepten. Om te smeren dus hè, niet om op te eten. Al zou dat wél kunnen ;)

NO MORE...

- ✓ Parabenen
- ✓ Ftalaten
- ✓ Nanodeeltjes
- ✓ Sodium laureth sulfate (SLS)
- ✓ Chemisch parfum
- ✓ Aluminium
- ✓ Di-ethanolamine (DEA)
- ✓ Tri-ethanolamine (TEA)
- ✓ Diazolidinylureum
- ✓ Imidazolidinylureum
- ✓ Aceton

Dit is slechts een greep uit ingrediënten die ik liever niet op mijn huid smeer. Probeer zelf goed te onderzoeken en beoordelen wat voor jou het beste voelt en maak vervolgens je eigen keuze.

MAKE-UP

Ik vind mezelf het mooist als ik niet veel make-up draag. Meestal ben ik daarom *au naturel*, maar soms kies ik deze producten voor een kleine *touch up*.

Minerale poeder
Als foundation gebruik ik een natuurlijke minerale poeder die mijn huid laat ademen. Ook heeft dit een beschermende werking tegen uv-straling.

Bronzer / Blush
Bronzer geeft mijn gezicht een gezonde *glow*. Blush gebruik ik vooral in de winter. Het geeft mijn gezicht iets meer kleur, als ik voel dat dat nodig is.

Eyeliner / Oogschaduw
Eyeliner of oogschaduw gebruik ik in fases. Oogschaduw match ik af en toe met een leuke outfit.

Mascara & Wenkbrauwpotlood
Ik heb vrij korte wimpers zonder krul, dus mascara draag ik bijna dagelijks. En ik vul mijn wenkbrauwen een klein beetje, maar zorg altijd voor een natuurlijke expressie.

Lippenstift / Lipgloss
Lippenstift draag ik vaak als ik een belangrijke missie heb; knallend rood is dan mijn favoriet. Als ik lipgloss draag, kies ik er een waar mijn lippen niet van uitdrogen.

Ik kies altijd producten met pure, eco-friendly ingrediënten, die niet op dieren zijn getest.

Dear body

I love you.

SPOIL YOURSELF!

3 DIY BEAUTY SECRETS

1. My daily beauty routine

Geen dag is hetzelfde. Soms sta ik op met trek en eet ik zo snel ik kan een boterham met pindakaas. Soms heb ik geen zin in een meditatie en zet ik de muziek lekker hard aan, terwijl ik koud douche of mijn tanden poets. Maar over het algemeen probeer een vaste routine aan te houden. Het geeft me rust en ik merk dat ik de dag ontspannen doorkom als ik tijd en aandacht geef aan mijn body en mind.

1. Meditatie

Ik heb thuis een klein hoekje gemaakt om te mediteren. Elke ochtend probeer ik dat zo'n tien à vijftien minuten te doen. Ik begon met vijf minuutjes per dag en nu vind ik het fijn om er meer tijd voor te nemen. Ik probeer het op te bouwen en wie weet lukt het me om binnenkort zelfs een halfuur die totale rust te ervaren en nog even niet te stressen over de planning van de dag.

2. Citroenwater of appelazijn

Voor mijn ontbijt drink ik 300 ml warm water met het sap van een citroen óf twee eetlepels troebel appelazijn. Sommigen zetten hun vraagtekens bij de werking van deze gewoonte, maar ik word hier al jaren heel blij van. Ik heb het gevoel dat ik mijn weerstand een boost geef én ik hydrateer in elk geval mijn huid en zorg voor een frisse adem. Overigens drink ik dit met een rietje (roestvrij staal of bamboe!) om mijn tanden te sparen.

3. Droogborstelen

De volgende stap vindt plaats in de badkamer. Ik kleed me uit en borstel mijn hele lichaam in rondjes met de klok mee. Ik gebruik daarvoor een speciale droogborstel. Mijn huid wordt er heel zacht en strak van, en daarnaast zou deze techniek zweetklieren stimuleren en de bloedcirculatie ondersteunen.

Drie keer per week borstel ik ook mijn gezicht met een speciale gezichtsborstel.

4. Koude douche

Daarna spring ik onder de koude douche. *Oh my!* Dat was echt even wennen, maar nu kan ik er niet meer zonder. Het geeft mijn bloedcirculatie, mijn weerstand en mijn huid een flinke oppepper. En doordat ik tijdens zo'n douche dieper ademhaal, mijn bloed voel stromen en mijn hart voel kloppen, voel ik me helemaal *alive* en ben ik meteen klaarwakker.

5. Tongschrapen

Wist je dat je aan je tong kunt zien hoe het met je gezondheid gesteld is? Naast tandenpoetsen is dit voor mij net zo'n belangrijk onderdeel van m'n mondhygiëne. Met een speciale tongschraper haal ik het bovenste laagje van mijn tong af waar bacteriën zich verzamelen. Voelt heel fris!

Plastic heb ik uit mijn leven gedeletet, dus ik kies voor een koperen tongschraper.

6. Skin care

Vervolgens reinig ik mijn huid. Ik gebruik daarvoor wattenschijfjes van katoen, die ik kan wassen en hergebruiken. Ik smeer wat deodorant onder mijn oksels, dep mijn huid droog en breng toner, serum, moisturizer en SPF 30 op mijn gezicht en nek aan.

4 · BEAUTY

7. Ontbijtje

Terwijl de crème intrekt, is het tijd voor mijn favoriete moment van de dag: koffie en power-ontbijt! Wat ik maak, hangt af van mijn mood én van het seizoen. In de winter eet ik graag warme havermoutjes en *apple crumbles*. In de zomer liever kokos'yoghurt', bowls met fruit of lekkere groene smoothies met powerpoeders. Als ik weet dat ik een drukke ochtend voor de boeg heb, zorg ik dat mijn ontbijt de avond van tevoren al klaarstaat.

Breakfast inspo? Check pag. 67-71 voor nieuwe recepten!

8. Vitamins!

Supplementen, *you hate 'em or you love 'em*. Voor mij geldt dat ik mijn voedingspatroon er graag mee verrijk. Ik neem niet altijd hetzelfde. Het hangt af van hoe ik me voel en welke tekorten ik heb. Ik zorg dat ik zoveel mogelijk uit mijn voeding haal, maar ik vul dat regelmatig aan met een vitamine D3-supplement, magnesium als ik veel sport en in de winter bijvoorbeeld wat vitamine C, MSM-poeder en/of een probiotica-kuur.

Laat je goed adviseren als je supplementen gaat kiezen!

9. Work, work, work…

Ik sluit mijn ochtendritueel af met tandenpoetsen en 'n vleugje make-up én een wandel- of fietstocht naar mijn werk.

AVONDRITUEEL

—

Na het avondeten zet ik meestal een grote pot Nighty-night tea (pag. 38). Ik lees wat, ik kijk een documentaire of maak een avondwandeling. Vervolgens spoel ik de dag van me af, onder een lekkere warme douche. Ik reinig mijn gezicht, scrub m'n lijf en vet me in met olie of een *home made* bodylotion. Twee keer per week verzorg ik mijn gezicht met een zachte peeling. Op mijn gezicht smeer ik een toner en nachtcrème. Vervolgens wikkel ik mijn badjas om me heen en laat de olie of lotion in mijn huid trekken. Daarna is het tijd voor misschien wel het belangrijkste beautygeheim: een goede nacht slaap van minstens acht uur. Zzz…

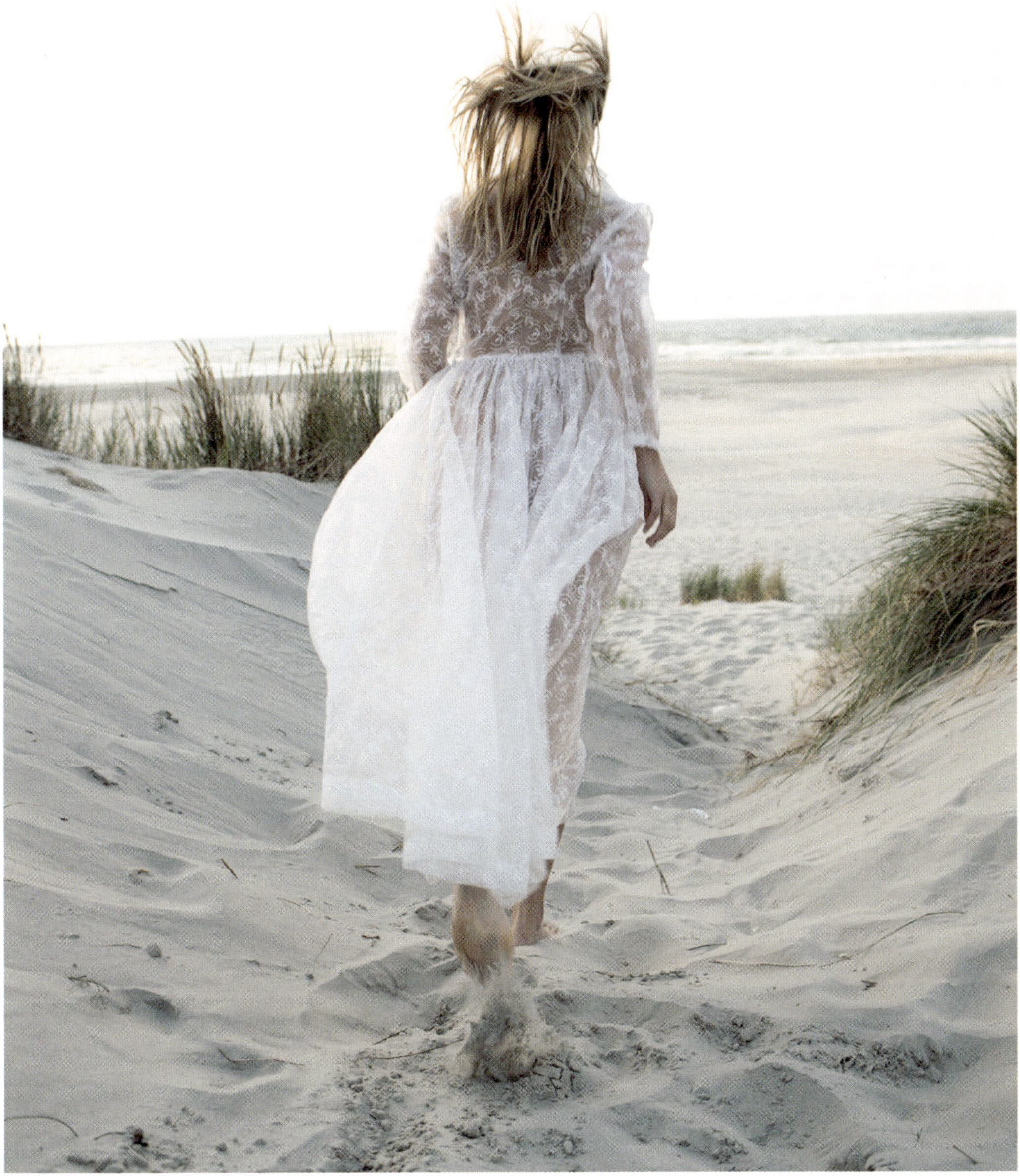

2. Go coco-nuts!

I love kokosolie! Ik kook en bak ermee, ik verwerk het in smoothies en snacks, en... het is een van de meest fantastische *skin care*-producten *ever*. Niet alleen smeert het gemakkelijk uit en voedt het je huid, het bevat bovendien gezonde vetten, werkt antibacterieel en gaat virussen en schimmels tegen. Er bestaan verschillende soorten kokosolie, die vooral verschillen in kwaliteit en toevoegingen. Het is belangrijk om een zo puur mogelijk product te kiezen. Ik kies zelf het liefst voor een koudgeperste, ongeraffineerde, biologische kokosolie. Hoe ik het gebruik? Uhm...

Bodyscrub

Meng drie eetlepels kokosbloesemsuiker met drie à vier eetlepels zachte kokosolie. Voeg voor de geur eventueel een aantal druppels etherische olie toe, zoals lavendel of amandel. Bewaar je scrub in een glazen potje. Gebruik dit product alleen voor je lichaam, de suikerkorreltjes zijn te grof voor je gezicht.

Conditioner

Neem een pot kokosolie lekker mee onder de douche. Was je haar eerst met milde shampoo. Neem vervolgens een theelepel olie, meng dit in je handen goed met water en kneed het in je natte haar en masseer je hoofdhuid ermee. Laat het minimaal een halfuur intrekken. Je kunt ondertussen je benen scheren en je lichaam scrubben. Nóg beter is als je je haar vastbindt met een elastiekje, je afdroogt, de douche uit stapt, een kopje thee zet en even lekker ontspant. Vervolgens spoel je het goed uit (eventueel met shampoo) en heb je heerlijk zacht en glanzend haar.

Meer beautyproducten zelf maken?
Check pag. 125-135 voor mijn favoriete recepten.

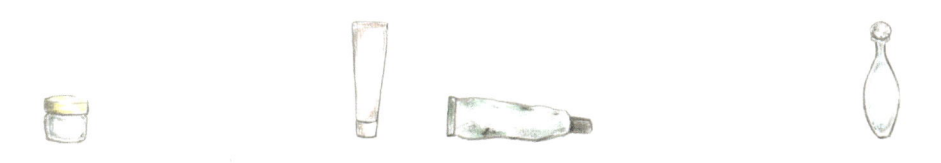

Make-upremover
Het beste is als je een theelepel olie smelt, maar je kunt de olie ook even zacht maken door hem in je handen te wrijven. Heb je meteen een lekkere handcrème. Veeg het hierna op een wattenschijfje en gebruik hem om je make-up te verwijderen. Werkt ook met waterproof make-up.

Bodylotion & aftersun
Maak de olie warm door deze in je handen te wrijven en smeren maar. *Easy does it!*

Lippenbalsem
Smeer een beetje kokosolie op je droge lippen.

Deodorant
Je kunt kokosolie direct onder je oksels smeren, maar zelf voeg ik een paar extra ingrediënten toe voor echt frisse oksels. Check pag. 131 voor het recept!

Mondwater
Oil pulling noemen ze dit ook wel. Helpt mij om mijn adem, tanden en tandvlees fris te houden. Gebruik een eetlepel kokosolie om je mond 15 tot 20 minuten mee te spoelen.

Heb je een gevoelige huid of acne? Altijd goed om dan eerst te testen of je huid oké reageert op kokosolie.

4
—
BEAUTY

SKIN FOOD

Zou het niet ideaal zijn als je jezelf mooi kunt eten? Dat je een stralende huid kunt krijgen door de juiste voeding? Guess what, je kunt je lichaam prima een handje helpen door de juiste voeding te kiezen. Dit zijn mijn favorieten.

Water
Voor het afvoeren van afvalstoffen en het vervoeren van voedingsstoffen via het bloed.

Rauwe cacao
Goed voor je huid door de werking van antioxidanten, maar ook voor je tanden, spieren en botten door de aanwezigheid van magnesium.

Avocado / Noten (ongebrand) / Plantaardige olie / Pitten / Vette vis / Zaden
Door de gezonde vetten voorkom je vochtverlies. Je huid (maar ook je haar) blijft hierdoor zacht en soepel.

Eieren / Geitenkaas / Vette vis
Bevat vitamine A en B8 (biotine) wat een positief effect heeft op de nagels, haar en huid.

Bosbessen / Citroen / Frambozen / Kiwi / Paprika
De hoge dosis vitamine C helpt de huid reinigen van binnenuit. Leuk weetje: een paprika bevat evenveel vitamine C als drie sinaasappels.

Gember / Kaneel / Kurkuma (in combinatie met zwarte peper)
Helpt de huid tegen uitdroging en veroudering.

Abrikoos / Andijvie / Broccoli / Boerenkool / Mandarijn / Mango / Spinazie / Wortelen / Zoete aardappel
Bevat veel bètacaroteen, ofwel provitamine A. Goed voor je huid, haar en weerstand én beschermt tegen schadelijke uv-straling.

3. More self-love

Soms heb ik zo'n dag: ik sta op, kijk in de spiegel en… *mehh*. Ik voel me niet mooi, terwijl ik gister nog vól zelfvertrouwen was. Als ik me zo voel, zeg ik lieve dingen voor een boost in zelfliefde. Ook zo'n dag? Probeer 't eens: wat maakt jou mooi? Ik weet zeker dat je tien redenen weet! De eerste heb ik alvast voor je ingevuld ;)

1. Er is niemand anders zoals jij!

2.

3.

4.

5.

6.

7.

8.

9.

10.

4 - BEAUTY

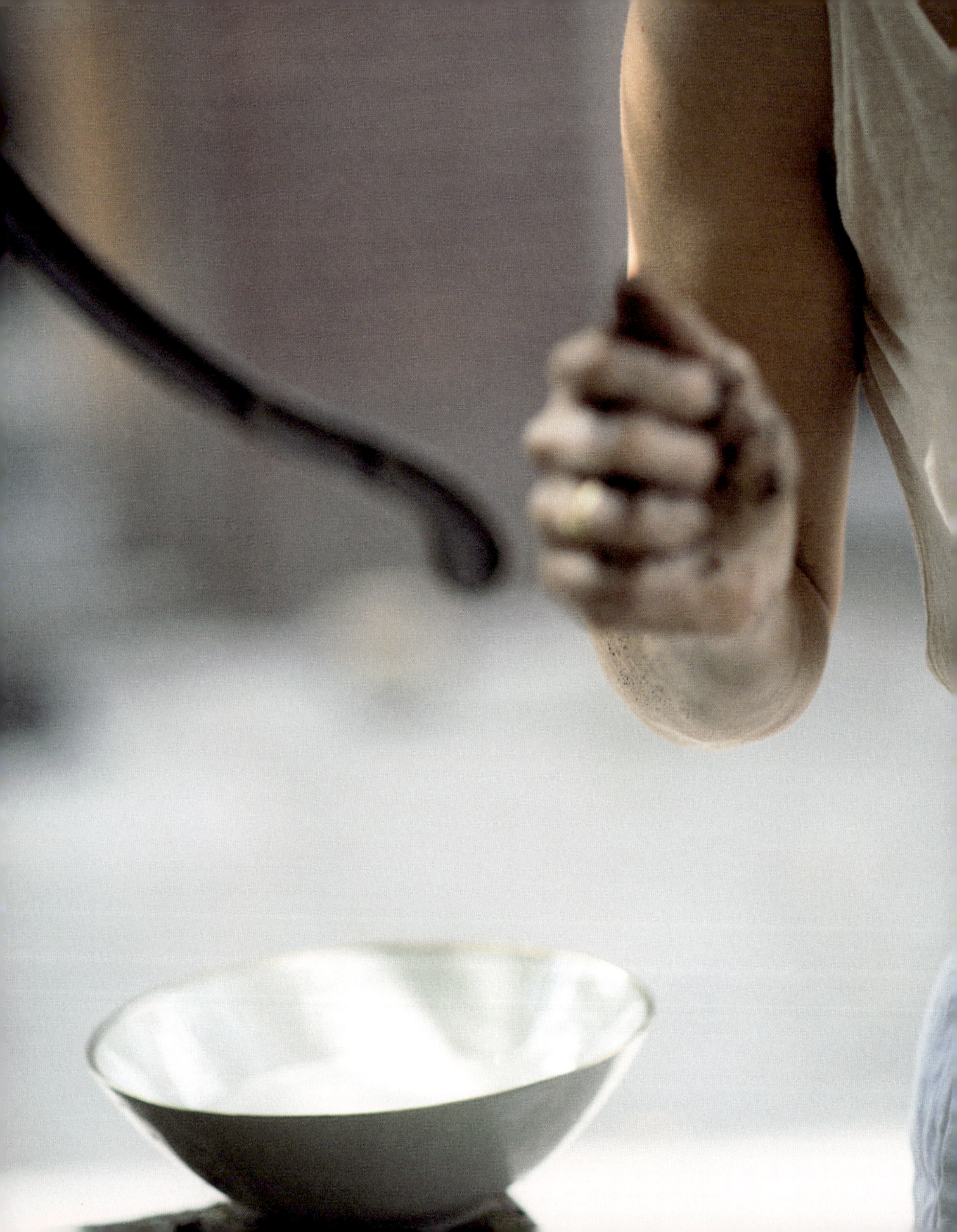

BODY CARE

Op zondagavond is het tijd voor mijn beautyritueeltje. Hoe druk ik ook ben, ik leg mezelf iedere week in de watten. En daar trek ik minstens een uur voor uit. Ik ga in bad, scrub mijn huid, doe een masker in mijn haar en op mijn gezicht. Het liefst met een ontspannen muziekje en wat kaarsjes. En de producten die ik gebruik? Die zijn uiteraard home made.

4
-
BEAUTY

SPIEGELMANTRA'S

-

Voor een beetje extra *self-love* doe ik regelmatig een sexy dansje voor de spiegel óf ik zeg één van deze mantra's. *Works everytime!*

-

'Wees jezelf, Rens! Er zijn al genoeg anderen.'

-

'Ik hou van mezelf, ik respecteer mezelf en sta in mijn kracht. Ik mag er zijn!'

-

'Ik streef naar vooruitgang, niet naar perfectie.'

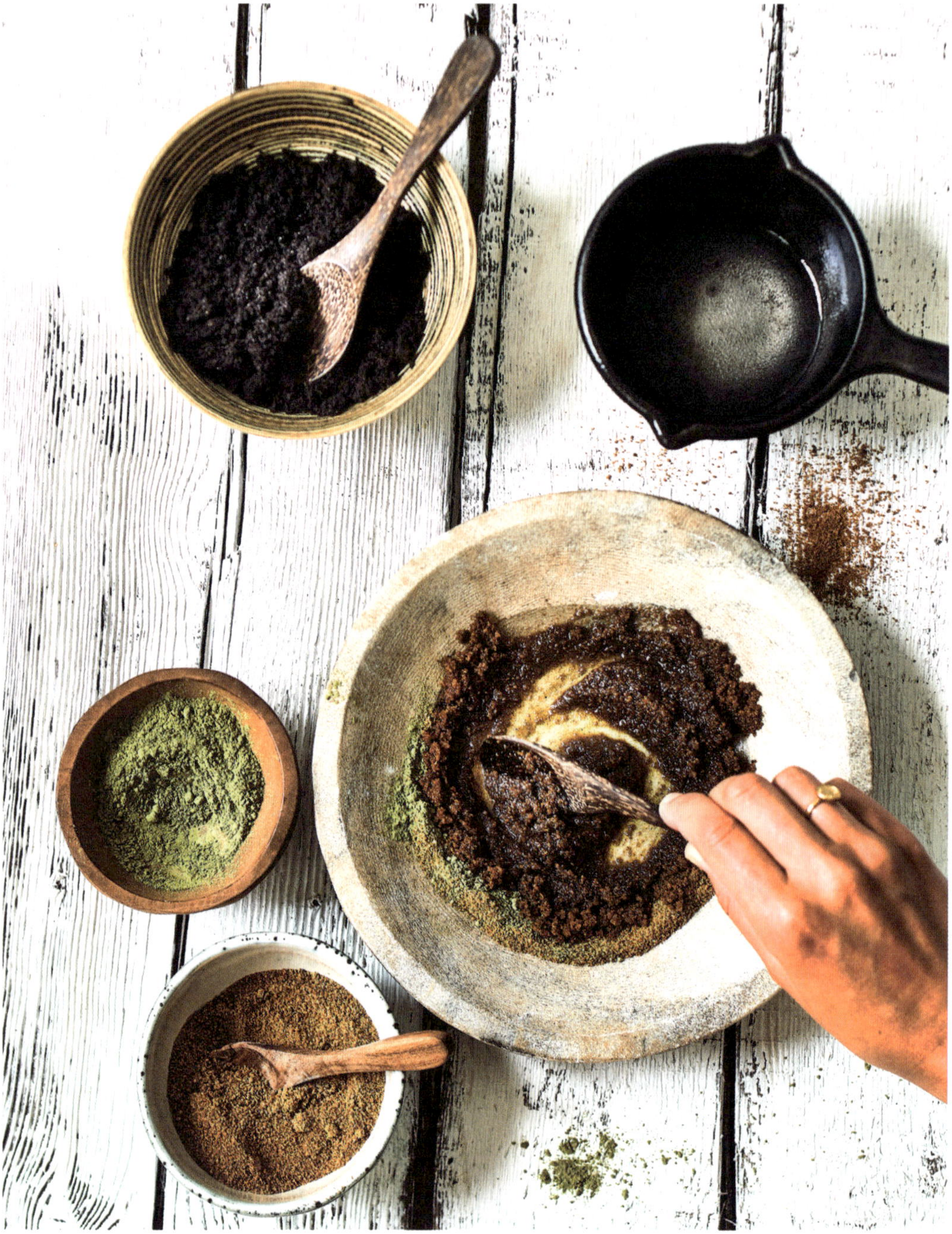

COFFEE SCRUB

Voor een heel glad huidje én die heerlijke koffiegeur onder de douche.

Ingrediënten
- 100 g gemalen koffie
- 2 el kokosolie, gesmolten
- ½ el kaneel
- 1 el fijn zeezout
- 2 el vanille-extract
- 1 el bruine suiker
- 1 tl sinaasappelsap

How to
Alles goed mengen. Zo simpel! Bewaar je scrub in een schone pot.

MATCHA SCRUB
(voor je gezicht)

In matcha zitten veel vitamines, mineralen en aminozuren. Lekker om te drinken, maar óók om je gezicht een *touch-up* te geven.

Ingrediënten
- 100 g kokosbloesemsuiker
- 1 el matchapoeder (groene thee)
- 120 g kokosolie, gesmolten
- 5 druppels etherische bergamot- of lavendelolie, optioneel

How to
Doe alle ingrediënten in een kommetje en roer goed door elkaar. Schep het in een (glazen) potje.

SCRUB CUPS

Verdeel de scrub over muffin-bakvormpjes, zet dit een uurtje in de vriezer en je hebt superschattige 'scrub cups'. Handig om er steeds een te pakken voor je douchebeurt. Ook leuk om in een mooi potje te doen, in te pakken en cadeau te geven!

GEZICHTSMASKER MET CACAO

Everyone loves cacao. Ook je huid! Dit masker fleurt je gezicht op en voedt en reinigt de huid.

Ingrediënten
- 25 g cacaopoeder
- 3 el kokos- of amandelgurt
- 2 el kleipoeder, groen & fijn
- 2 tl citroensap
- snufje kaneelpoeder
- 2 el kokosolie, gesmolten
- 1 tl macapoeder, optioneel

How to
Roer alle ingrediënten in een kommetje door elkaar. Breng aan op je gezicht en je nek. Laat het 15-20 minuten zitten. Spoel goed af met lauw water.

Maximaal 3-5 dagen houdbaar in de koelkast.

HAARMASKER

Mijn haar wordt hier zijdezacht van! De kokosolie voedt en hydrateert, de honing boost de haarzakjes en de appelazijn versterkt mijn haar.

Ingrediënten
- 2 el kokosolie, gesmolten
- 2 el honing
- 1 el appelazijn, troebel

How to
Doe alles in een kommetje en roer goed door elkaar. Schenk het in een bakje. Ik maak dit meestal *from scratch*, maar je kunt het recept ook verdriedubbelen en bewaren in een pot.

Hoe ik het gebruik
Ik neem wat van het masker in mijn hand en hang voorover, zodat ik mijn onderste haren goed kan insmeren. Daarna doe ik de zijkanten en voorkant. Ik masseer vervolgens mijn hoofdhuid met mijn vingertoppen. Zo'n 30 minuten laten intrekken en uitwassen met een natuurlijke shampoo.

Is je haar heel erg droog? Dan kun je dit best een nachtje laten zitten. Haar in een knot, douchekapje op je hoofd en 'zzz...'

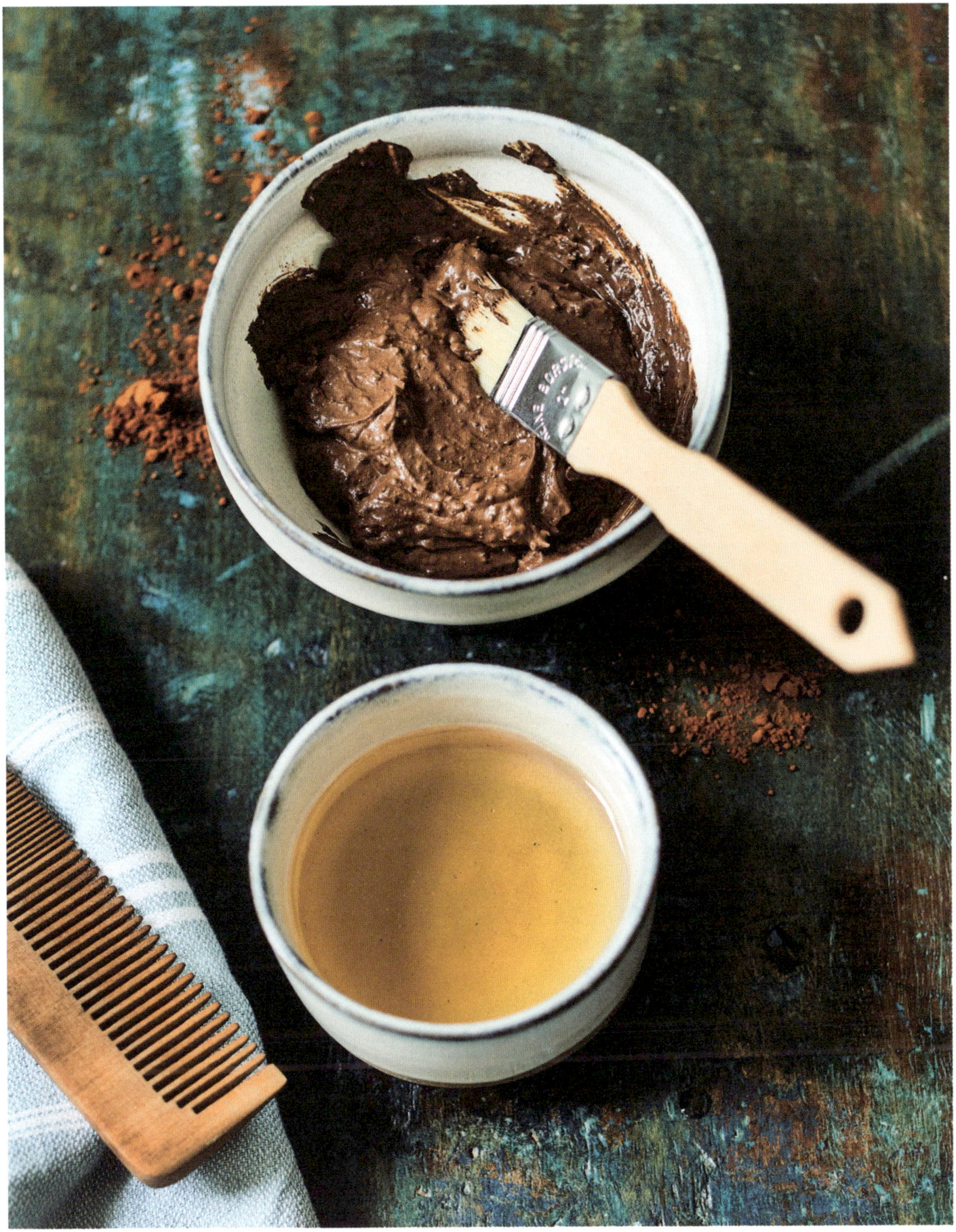

Deze deodorant is veel goedkoper en duurzamer dan een normale, omdat je er lang mee vooruit kunt.

DEODORANT

Deze sheaboter deodorant is *all natural*. Het is heel zacht voor je huid en heeft de frisse geur van pepermunt.

Ingrediënten
- 4 el kokosolie, gesmolten
- 3 el baking soda
- 3 el sheaboter
- 1 el amandelolie
- 3-4 druppeltjes etherische pepermuntolie

How to
Smelt de kokosolie en de sheaboter in een pannetje totdat het zacht is. Doe het in een potje en voeg de overige ingrediënten toe. Goed roeren. Laat het een aantal uur (liefst een nacht) in de koelkast staan, zodat de deodorant hard wordt. Je kunt met een spateltje elke dag een beetje uit het potje scheppen en onder je oksel smeren. Laat een paar minuutjes intrekken en je bent klaar voor een frisse dag!

BADZOUT

In dit recept zit mineraalzout (ook wel: bitterzout). Een goedkoop, natuurlijk en helend middel. Het verzacht je huid, ontgift, verlicht spierpijn én het is goed voor de nachtrust.

Ingrediënten
- 80 g (Keltisch) zeezout of Himalayazout
- 80 g bitterzout (Epsomzout)
- 45 g baking soda
- 50 ml appelazijn
- 8 druppels etherische lavendel- of pepermuntolie

How to
Doe alles in een kom en roer goed door elkaar. Schep het in een pot om te bewaren. Hoeveel je in je badwater doet is aan jou. Ik strooi er altijd op gevoel wat in.

Je kunt ook scrubben met bitterzout!

BADRITUEEL

Als je eenmaal een keer je eigen badzout hebt gemaakt, wil je blijven experimenteren. Wat dacht je van een paar druppels rozen- of sinaasappelolie? Je kunt je badritueel ook nog lekkerder maken door wat verse kruiden als munt, lavendel en citroenmelisse in het water te strooien.

BODY WASH

Als ik te veel zeep gebruik droogt mijn huid uit. Maar eens in de zoveel tijd kan ik het niet laten om me helemaal in te zepen. En met dit recept mag het gewoon.

Ingrediënten
- 60 ml amandelolie of kokosolie, gesmolten
- 4 el honing
- 120 ml vloeibare castillezeep, ook wel bekend als marseillezeep
- 1 tl pure vitamine E-olie
- 15 druppels etherische eucalyptusolie
- 10 druppels etherische zoete-sinaasappelolie
- 10 druppels etherische citroenolie

How to
Doe de amandel- of kokosolie samen met de honing, vitamine E en etherische oliën in een kom en klop het door elkaar. Voeg de castillezeep langzaam toe en roer zacht, zodat het niet te veel sopt. Schenk het dan in een glazen fles, eventueel met pompje.

Schud goed voor elk gebruik.

4
-
BEAUTY

BEDTIME BODYBALM

Als ik het druk heb en lastig slaap, smeer ik me voor ik naar bed ga in met deze lotion. Het werkt lekker kalmerend.

Ingrediënten
- 2 el kokosolie
- 2 el sheaboter
- 2 el bijenwaxpastilles of bijenwas
- 1 el jojobaolie, koudgeperst
- 1½ el magnesiumolie
- 10-15 druppels etherische lavendelolie

How to
Laat de kokosolie, sheaboter en bijenwas in een pannetje smelten. Roer goed en laat het iets afkoelen. Voeg dan de jojobaolie en magnesiumolie toe en roer nogmaals. Laat het 10 minuten afkoelen in de koelkast. Zodra het gedeeltelijk is gestold, roer je het mengsel tot een romig geheel. Voeg de etherische olie toe en roer het nogmaals. Schep het vervolgens in een pot met deksel.

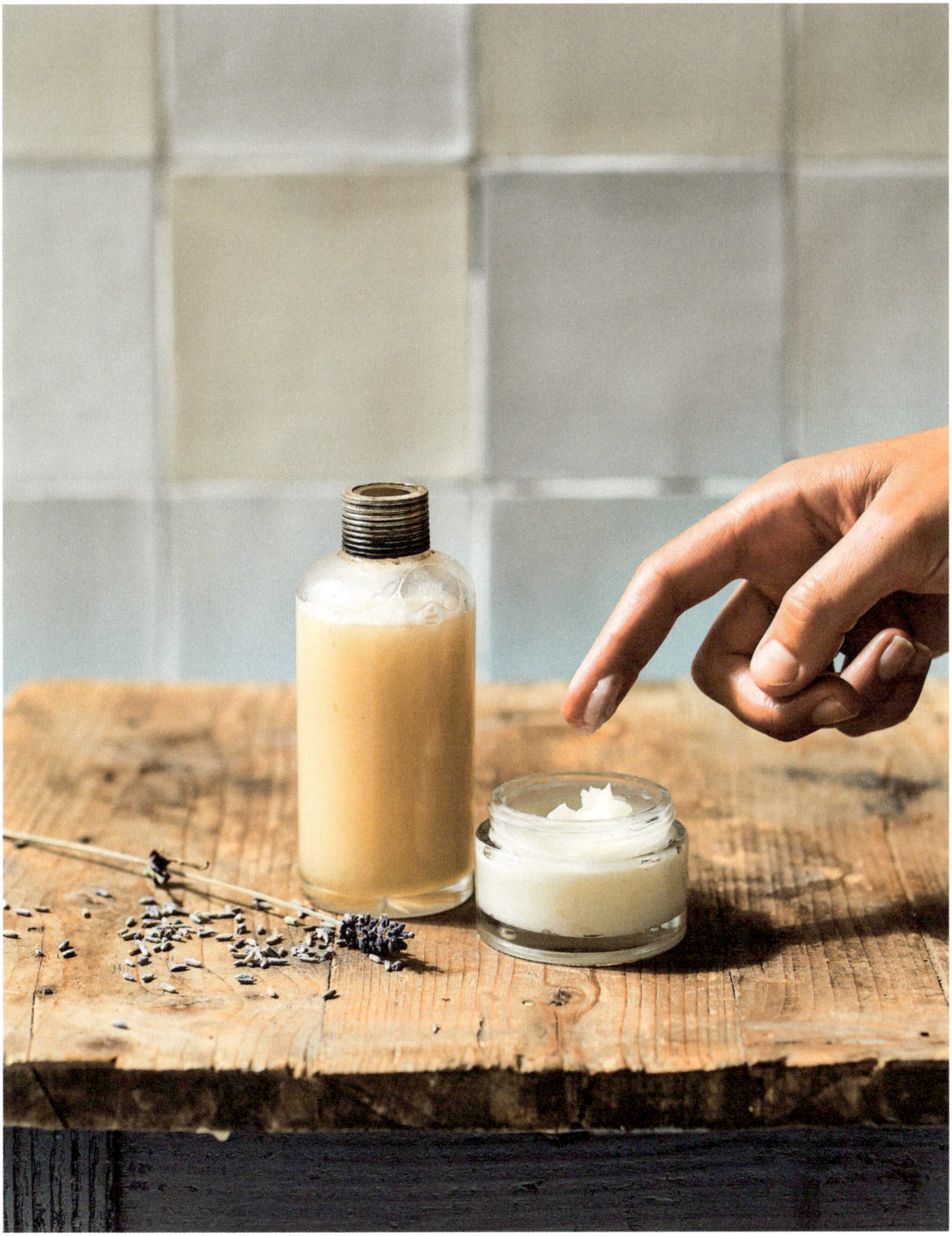

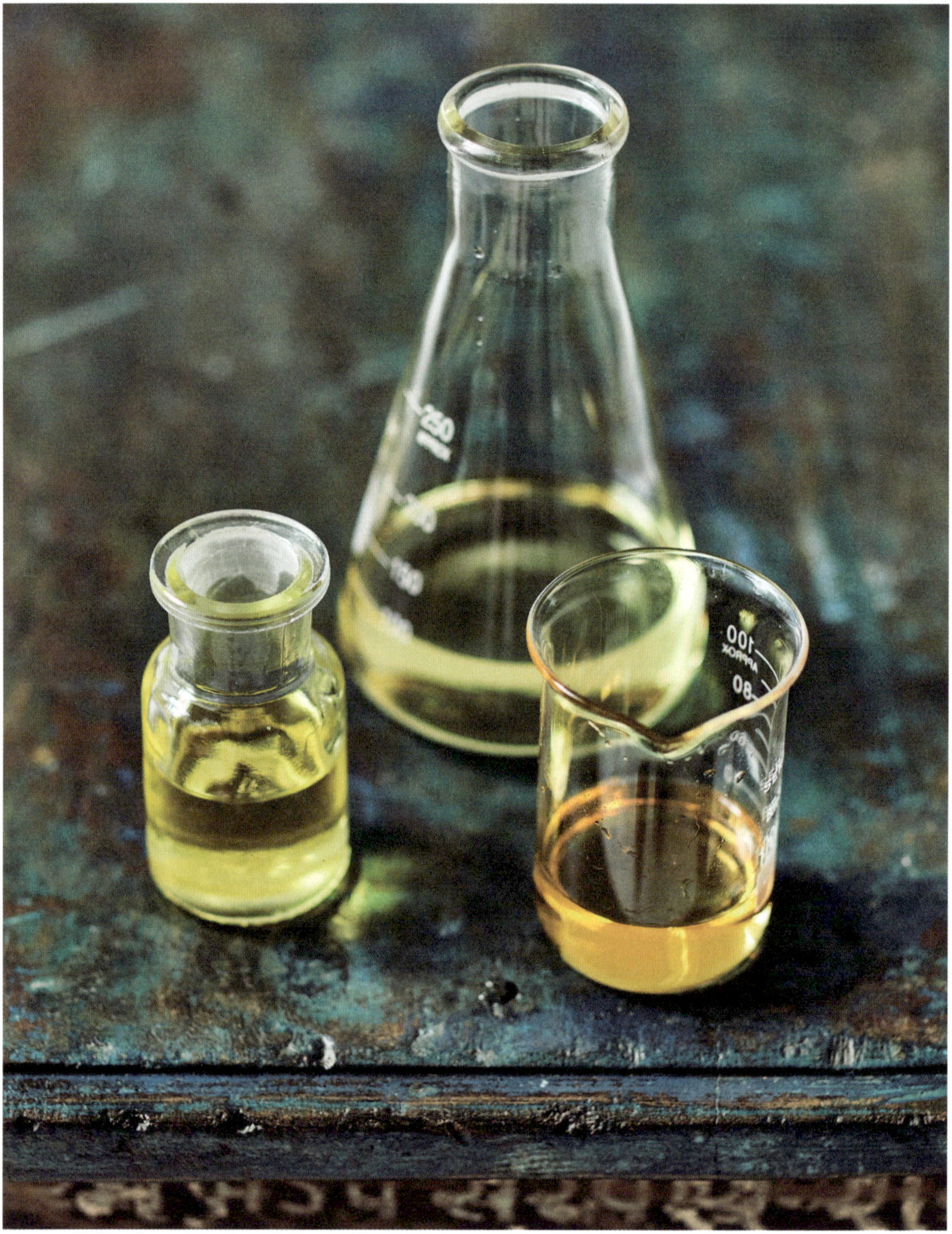
100
APPROX
80

BODY OIL

Iedere avond na het douchen vet ik mijn lichaam in met kokosolie of een zelfgemaakte oliemix. Dit is wel echt mijn favoriet!

Ingrediënten
- 45 ml amandelolie
- 15 ml arganolie
- 15 ml rozenbottelolie
- 15 – 20 druppels etherische olie naar wens, zoals citroengras, lavendel en/of wierook (frankincense)
- droge rozenblaadjes of andere bloemblaadjes naar wens, optioneel

How to
Schenk alle oliën in een glazen flesje en voeg er wat druppels etherische olie en eventueel wat gedroogde bloemblaadjes aan toe. Schud goed voor gebruik.

Alle oliën moeten koudgeperst zijn.

4
-
BEAUTY

ZO TOVER JE JE DOUCHE OM TOT EEN HAMAM

-

Koop een paar takken van de eucalyptusplant bij de bloemenwinkel en bind het onderste gedeelte van de takken met een touwtje aan de douchekop. Voilà! Je eigen wellness-douche. Door de stoom van de douche komt er een heerlijke geur van de bladeren af.

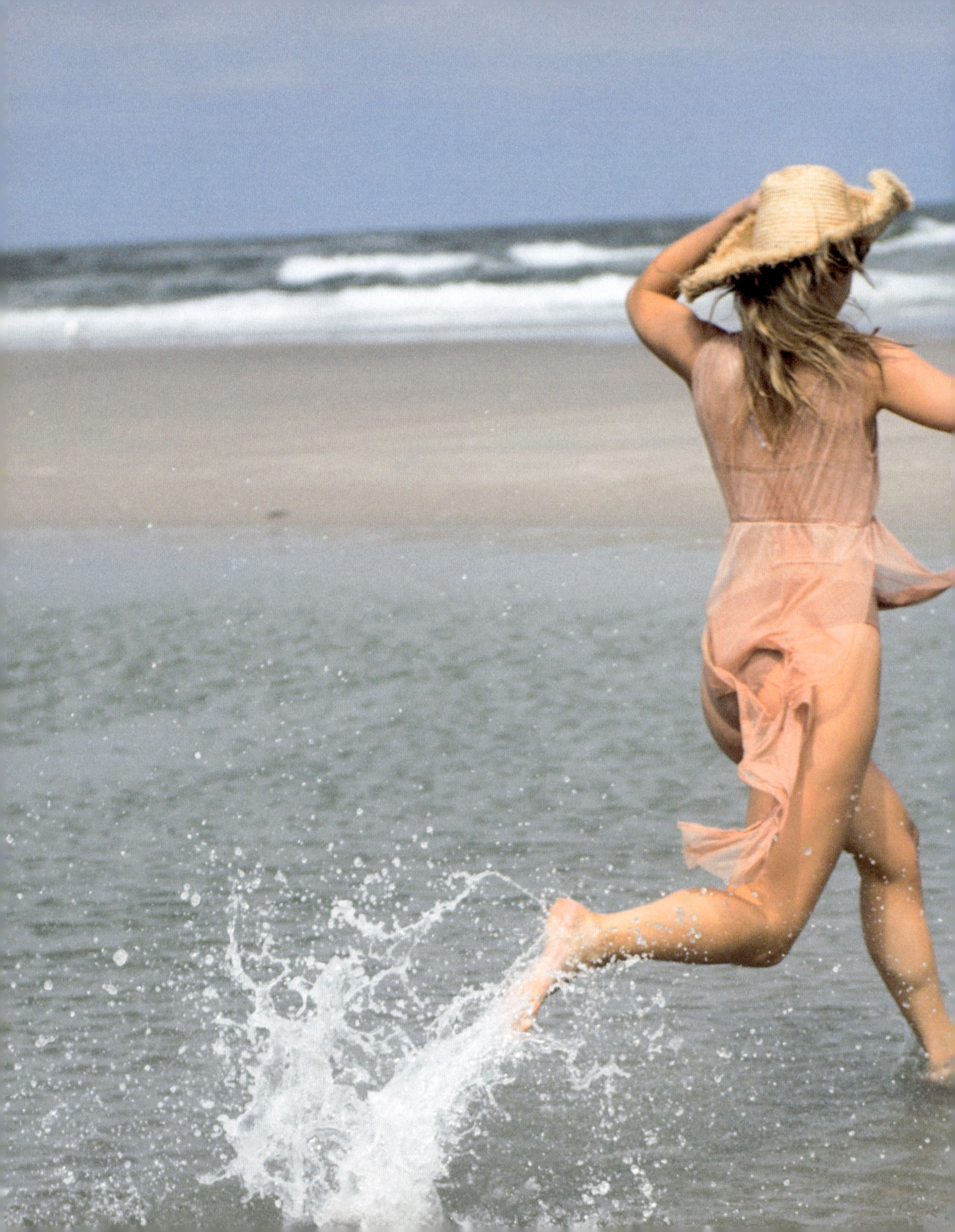

5
BEWEGEN

Sporten heeft een positieve invloed op mijn gezondheid, mijn zelfvertrouwen en mijn focus. Maar datzelfde effect heeft bewegen in een minder intensieve vorm. Wandelen, dansen, trampolinespringen: *I love it!* Voldoende beweging is essentieel om je goed te voelen. In dit hoofdstuk laat ik zien hoe ik mezelf elke dag motiveer om in beweging te komen en leg ik mijn favoriete oefeningen uit.

You're only one workout away from a good mood.

5
BEWEGEN

Bij ons thuis op het platteland was beweging deel van het dagelijks leven. Alles deden we lopend of op de fiets. Elke dag zo'n 7 kilometer naar school, door weer en wind. We speelden buiten, klommen in bomen, hielpen mijn moeder in de tuin en in het huishouden, en hakten in de winter hout om onze houtkachel te stoken. Mijn basisconditie en goede weerstand komen daar vandaan, denk ik. Bovendien stimuleerden mijn ouders dat ik sportte. Vanaf mijn vierde zat ik op gymnastiek, en later op korfbal, tennis, dansen, schaatsen en zeilen. Heerlijk! Maar met de jaren ben ik minder gaan bewegen. Ik sta op, eet mijn ontbijtje zittend, breng op kantoor uren achter de computer en in meetingrooms door en zak thuis ook weer lekker onderuit.

En volgens mij hebben de meesten van ons daar een beetje last van. Steeds vaker hebben mensen een zittend beroep. We gaan naar kantoor met de auto, waar we de lift pakken, zittend vergaderen en werken, en 's avonds ontspannen we op de bank met een serie en een wijntje. Ook zittend. Of half liggend, nog lekkerder. Niks mis mee hoor, maar eigenlijk vind ik het zonde. Want het is zó fijn en goed voor je als je elke dag voldoende beweegt! En dan heb ik het niet over dat verplichte rondje sportschool waar we ons twee keer per week met pijn en moeite zonder plezier doorheen slepen.

Ik besloot er voor mezelf iets aan te doen. Omdat mijn dagelijkse werkzaamheden niet echt bestaan uit intensieve lichamelijke inspanning, moet ik het hebben van fietstochten, dansjes en sportavondjes. Elke dag zorg ik dat ik beweging pak waar ik kan. Stress vermindert bij mij door bewust bewegen. De focus ligt dan op mijn lijf en op het hier en nu. Door mijn gecontroleerde ademhaling, de frisse lucht en de bewegingen die ik maak, zinken negatieve gedachten in het niet. Ik slaap beter, heb meer energie en een positiever zelfbeeld. En daarbij forceer ik niets. Voor iedereen is er een ideale manier om genoeg te bewegen en daarmee positieve energie en een fit lichaam te creëren of te behouden.

VOEL JE FIT

I like to move it!

Ik geloof dat veel beweging goed is voor je lichaam én je geest. Matig tot intensief bewegen is de allerbeste manier om onze hormonen en neurotransmitters zoals endorfine, dopamine en serotonine in balans te brengen en te houden. Deze stofjes regelen je eetlust en slaap, maar zorgen er ook voor dat je een gelukzalig en euforisch gevoel ervaart dat zelfs pijn kan verminderen én zorgt dat je gemotiveerd blijft. Al na twintig tot dertig minuten bewegen komt deze cocktail aan *feel good*-stofjes vrij.

Bewegen is voor mij heel iets anders dan je elke dag afbeulen in de sportschool. Ja, ik ben voor veel beweging. Maar nee, ik ben niet voor ongezonde sportregimes. Ik beweeg iedere dag, maar sporten doe ik maximaal 3 à 4 keer per week. Ieder lichaam is natuurlijk anders, maar ik vind het belangrijk en fijn om naast mijn drukke werk ook tijd te nemen voor rust, mijn immuunsysteem en hormonale balans. Het kan daarom best eens voorkomen dat ik mezelf een paar weken niet in het zweet jaag, en dat kan ook lekker en gezond voelen. Voldoende bewegen betekent voor mij ook: een lekkere wandeling over het strand, dansen in de keuken of fietsen naar kantoor.

5
-
BEWEGEN

ZO KOM IK AAN MIJN DAGELIJKSE BEWEGING

Huishouden lekker zelf doen! Stofzuigen, ramen lappen, dweilen...

-

Rondje wandelen in mijn pauze (of tijdens een meeting!).

-

Ik pak de fiets naar kantoor en als ik boodschappen ga doen. Oók als het regent.

-

Traplopen. Ik skip elke lift of roltrap.

-

Rondrennen met mijn neefje en nichtje.

-

Dansen tijdens het koken!

Als ik sport, geniet ik er oprecht van. Het is een uitlaatklep voor mijn emoties. Als ik een baaldag heb, kan sporten mij meteen gelukkiger maken. Door mezelf nét een beetje te pushen en daardoor het gevoel te hebben dat ik mezelf overtref, krijg ik enorm veel energie; en ik merk dat ik hier ook veel zelfvertrouwen van krijg. Het kan zijn dat het tussen mijn oren zit, maar ik heb na het sporten gelijk het gevoel dat ik letterlijk lekkerder in m'n vel zit en dat geeft me ook mentaal een boost. Ik kies dan ook het liefst voor een sport die ik leuk vind: bootcamp, spinning met muziek, of danslessen bijvoorbeeld. Dat vergroot het plezier en ik merk dat mijn lichaam hier ook een sprongetje extra voor doet. Ik heb meer motivatie om te gaan. Als het kan probeer ik in de buitenlucht te sporten, omdat mijn stemming daardoor nóg meer verbetert. En juist in de winter geeft het een extra kick om die lekkere frisse lucht te voelen.

Heb je een tuin? Ook tuinieren is een fantastische workout!

ZITTEN

Zit je vaak achter je bureau? Een goede werkhouding is dan essentieel. Ik heb mijn beeldscherm zo afgesteld, dat ik goed rechtop kan zitten. Mijn voeten staan plat op de grond met knieën in een hoek van 90 graden. Mijn boven- en onderarmen vormen een hoek van 90 graden, en liggen recht vooruit. Mijn scherm staat minstens 50 centimeter van me af. Soms werk ik voor de afwisseling staand! Ik spring regelmatig op de trampoline in ons kantoor en probeer elke dag in mijn pauze een rondje te wandelen. Ik probeer ook elke dag te stretchen. Voor, na én tijdens het sporten, maar ook gedurende een werkdag werkt dat erg ontspannend. Doordat ik rek en strek, neem ik tijd om mijn ademhaling weer te controleren en me helemaal op mijn lichaam te focussen. Lekker stretchen zorgt voor een goede houding, meer flexibiliteit, betere bloedcirculatie en het kan blessures voorkomen.

Motivatie

Maar goed, ik moet toegeven dat ik ook van die dagen heb dat het moeilijk is om mezelf te motiveren. De reden is vaak vermoeidheid door een lange werkdag, een jetlag of drukte in mijn hoofd. Hoewel er niks mis is met een avondje hangen op de bank, weet ik dat ik me heel goed voel als ik wél heb gesport. Maar als zelfs die ervaring niet helpt, zijn er gelukkig trucjes voor extra motivatie.

1. Ik zet het in mijn agenda

Mijn sportmomenten plan ik in. Ze staan in mijn agenda, waardoor het net zo belangrijk voelt als een afspraak. Bovendien geeft het me een fijn overzicht, zodat ik er andere dingen omheen kan plannen.

2. Samen met een trainer of sportbuddy

Sporten met een personal trainer is geweldig. Wanneer je zelf de motivatie even niet kunt vinden, zal hij of zij er wel voor zorgen dat je komt opdagen. Maar prijzig is het vaak wel. Een sportbuddy kan voor hetzelfde effect zorgen. Door samen te gaan kun je elkaar van tevoren oppeppen én elkaar complimenten geven als je geweest bent.

LICHAAMSHOUDING

Een goede lichaamshouding is belangrijk voor je zelfvertrouwen. Mijn ouders vertelden mij vroeger al dat ik rechtop moest lopen. En ik hoor nog steeds: 'Loop rechtop, kin naar voren. Je mag er zijn!' Maar een juiste lichaamshouding helpt vooral blessures te voorkomen. En door mijn balans- en spieroefeningen op de juiste manier uit te voeren zorg ik ervoor mijn lichaam niet te overbelasten. Het is verstandig om een deskundige – zoals een trainer – te vragen je hierbij te helpen.

3. Positief denken

Je móét niet sporten. Je wilt het. Je doet het voor jezelf. Om je beter te voelen, om aan een gezond lichaam te werken of om te ontspannen. Maar wees niet te streng voor jezelf. Zodra het voelt als moeten, klopt er iets niet. Waarom wilde je in eerste instantie aan de bak? Houd dat doel voor ogen voor de juiste positieve mindset.

4. Challenge yourself!

Het stellen van steeds nieuwe doelen stimuleert me om het sporten vol te houden. Ik daag mijzelf dan uit om binnen een bepaalde tijd een challenge te behalen, zoals strakkere billen, sterkere buikspieren of een betere conditie. Een schema maken helpt me daarbij én maakt het overzichtelijk.

5. De perfecte playlist

Essentieel voor mijn motivatie: good music! Sowieso dans ik er thuis op los, maar tijdens een spinning-lesje of een rondje rennen door het park is het de muziek die me helpt als ik bijna wil opgeven. Ook onderweg naar mijn sportlesje zet ik deze playlist alvast op om in de mood te komen.

MIJN WORKOUT PLAYLIST

-

Upgrade U **Beyoncé**
The New Workout Plan **Kanye West**
Hey Ya! **OutKast**
Shake Your Body **Michael Jackson**
Temperature **Sean Paul**
All Over **Tiwa Savage**
Caught Up **Usher**
No Hay Igual **Nelly Furtado**
What You Know **T.I**
In Da Club **50 Cent**
Bend It **Maleek Berry**
Échame La Culpa **Luis Fonsi, Demi Lovato**
Right Thurr **Chingy**
Drop It Like It's Hot **Snoop Dogg, Pharrell Williams**
Premier Gaou **Magic System**
Let's Get Loud **Jennifer Lopez**
Work **Rihanna**
Crazy in Love **Beyoncé**
Hey Mama **The Black Eyed Peas**
Lose Control **Missy Elliott ft. Ciara & Fatman**

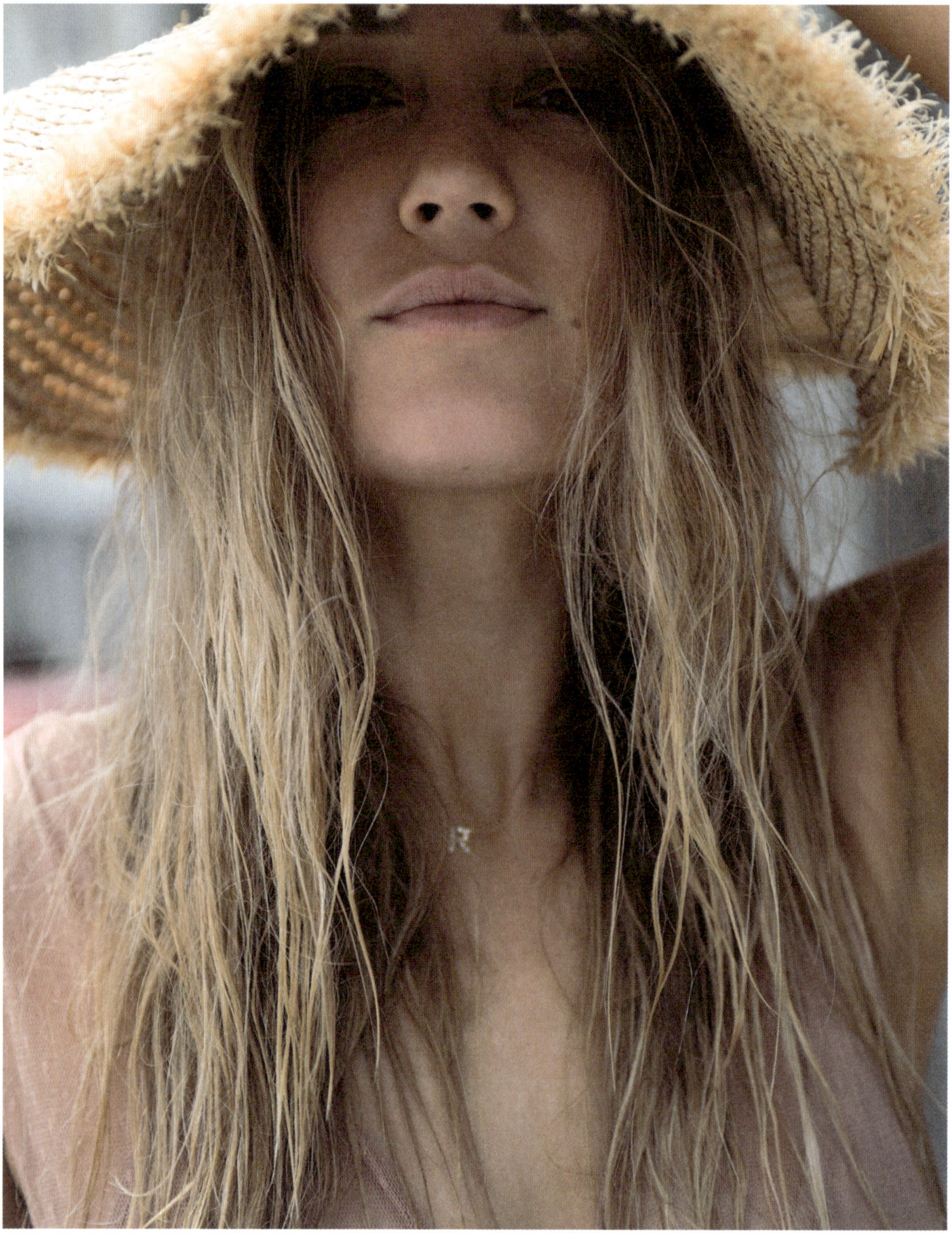

You are so much stronger than you think!

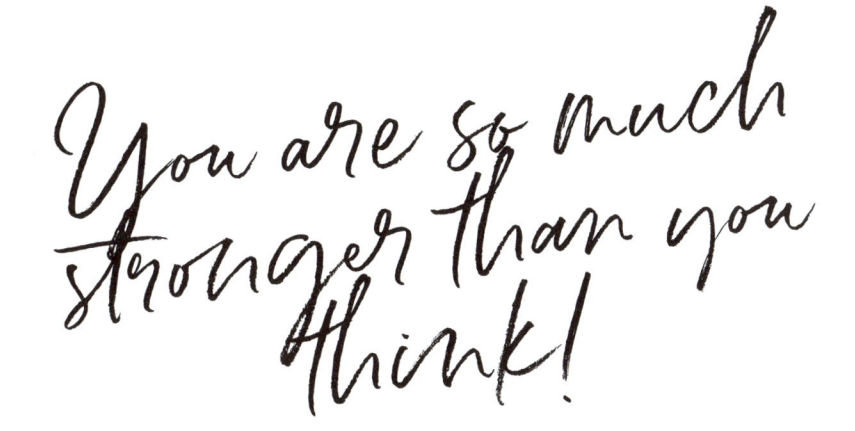

Body image

Hoe gemotiveerd je ook bent, hoe hard je ook sport... Uiteindelijk zit 'je goed voelen' toch echt tussen je oren. Een positief en realistisch lichaamsbeeld is waar het uiteindelijk om draait. Weet je, iedereen ziet minder mooie dingen aan zijn of haar lichaam. Ja, óók mensen met een ogenschijnlijk perfecte body. Vergeet niet dat je altijd foto's ziet die ofwel bewerkt, ofwel uit een goede hoek genomen zijn. Dat 'perfecte', afgetrainde, super *skinny* lichaam dat je veel tegenkomt in de media is voor de meesten van ons gewoonweg niet realistisch.

Voor mij geldt dat een gezond lichaam het allerbelangrijkst is. Daarom ben ik ontzettend blij met hoe ik eruitzie. Ik zie hoe gezond en fit ik ben. Ik zie ook heus putjes, vetjes en oneffenheden die ik niet mooi vind, maar ik lig er niet wakker van en ik sta ook niet iedere dag voor de spiegel te klagen. Het hoort bij mij. Mijn lichaam werkt hard, functioneert goed en daarom doe ik elke dag mijn best om het zo gezond mogelijk te houden.

Omdat iedereen anders is, is het belangrijk om eens goed naar jouw eigen mooie lichaam te kijken. Waarom ben jij er wél blij mee? Kijk eerst eens naar wat je mooi vindt, vervolgens naar wat je graag zou willen verbeteren en bepaal daarna doelen die haalbaar zijn voor jou. Maak je eigen goals, waar jij je goed bij voelt. En daarmee bedoel ik écht goed. Dus niet 'mooi' op een plaatje en uit een goede hoek, maar vooral gezond, ontspannen en blij.

5
-
BEWEGEN

GUESS WHAT
-
Ik heb mijn weegschaal de deur uit gedaan! Je gewicht kan iedere dag verschillen; je hormoonhuishouding kan er invloed op hebben en je kunt de ene dag meer vocht vasthouden dan de andere. Als je intensief sport, kan bovendien je spierweefsel toenemen en daardoor ook je gewicht. Het aantal kilo's dat je weegt is wat mij betreft geen goede graadmeter voor hoe gezond je lichaam is.

WORK IT OUT!

4 SIMPELE OEFENINGEN VOOR THUIS

1. Squats

Gespierde billen en bovenbenen
Squats doe ik overal. Thuis, op de dansvloer of tijdens een rondje hardlopen. En ik doe ze het liefst met kettlebells. Die heb ik thuis liggen. Als ik ga sporten in het park neem ik ze mee in mijn fietsmandje.

How to?
Plaats je voeten uit elkaar, ter breedte van je schouders. Adem in. Strek je rug en span je buikspieren aan. Laat je lichaam in een gehurkte houding zakken, zodat je bovenbenen horizontaal staan. Houd deze positie even vast en kom weer omhoog. Adem dan pas uit.

2. Single-leg deadlift

Balans

Thuis zonder sportattribuut, maar tijdens een training op de achterkant van een *balance board*, probeer ik deze oefening een paar keer per week te doen. Kan strakkere billen opleveren, maar ik doe het voor meer balans.

How to?

Ga recht staan en breng één been gestrekt naar achter. Kantel met een rechte rug voorover en tik de grond aan. Kom weer rustig terug omhoog, maar zet je been niet op de grond. Ik herhaal deze oefening 16 keer en wissel daarna van standbeen.

5
-
BEWEGEN

3. Seated Russian twist

Buikspieren

Deze oefening vind ik heel chill. Het is een simpele, maar zeer effectieve manier om je buik te trainen. Je kunt het doen met een medicijnbal of een andere gewicht, maar het kan ook prima zonder.

How to?

Ga op de grond zitten met je voeten omhoog en je knieën gebogen in een hoek van 90 graden. Je rug is 45 graden van de grond. Alleen je billen raken de vloer. Strek je armen uit naar voren en span je buikspieren goed aan. Draai je lichaam naar links en dan in één keer door naar rechts. Met een bal of gewicht in je handen maak je de oefening pittiger. Doe dit 8 keer achter elkaar.

4. Seated spinal twist pose

Stretch

In yoga heet deze: ardha matsyendrasana. Het is een heerlijke stretch-oefening die ik overdag op kantoor doe, maar bijvoorbeeld ook na het sporten. De oefening stretcht mijn schouders, heupen en nek, en geeft me nieuwe energie.

Je kunt deze oefeningen beter niet doen als je last van een blessure hebt!

How to?

Zit rechtop op de grond. Houd je rug en je nek recht, en strek je benen vooruit. Trek je knieën op, met je voeten plat op de vloer. Schuif vervolgens je linkerbeen onder het rechter door. Je linkerbeen rust op de grond, met je rechtervoet iets verder dan je linkerknie. Adem in en draai je lichaam in de richting van je opgetrokken knie. Je linkerhand leg je ontspannen op je linkerknie, je rechterhand zet je naast je. Draai je hoofd mee en kijk over je rechterschouder naar achteren. Blijf even zo zitten en adem goed door. Draai rustig terug, strek je benen even uit en herhaal de oefening aan de andere kant.

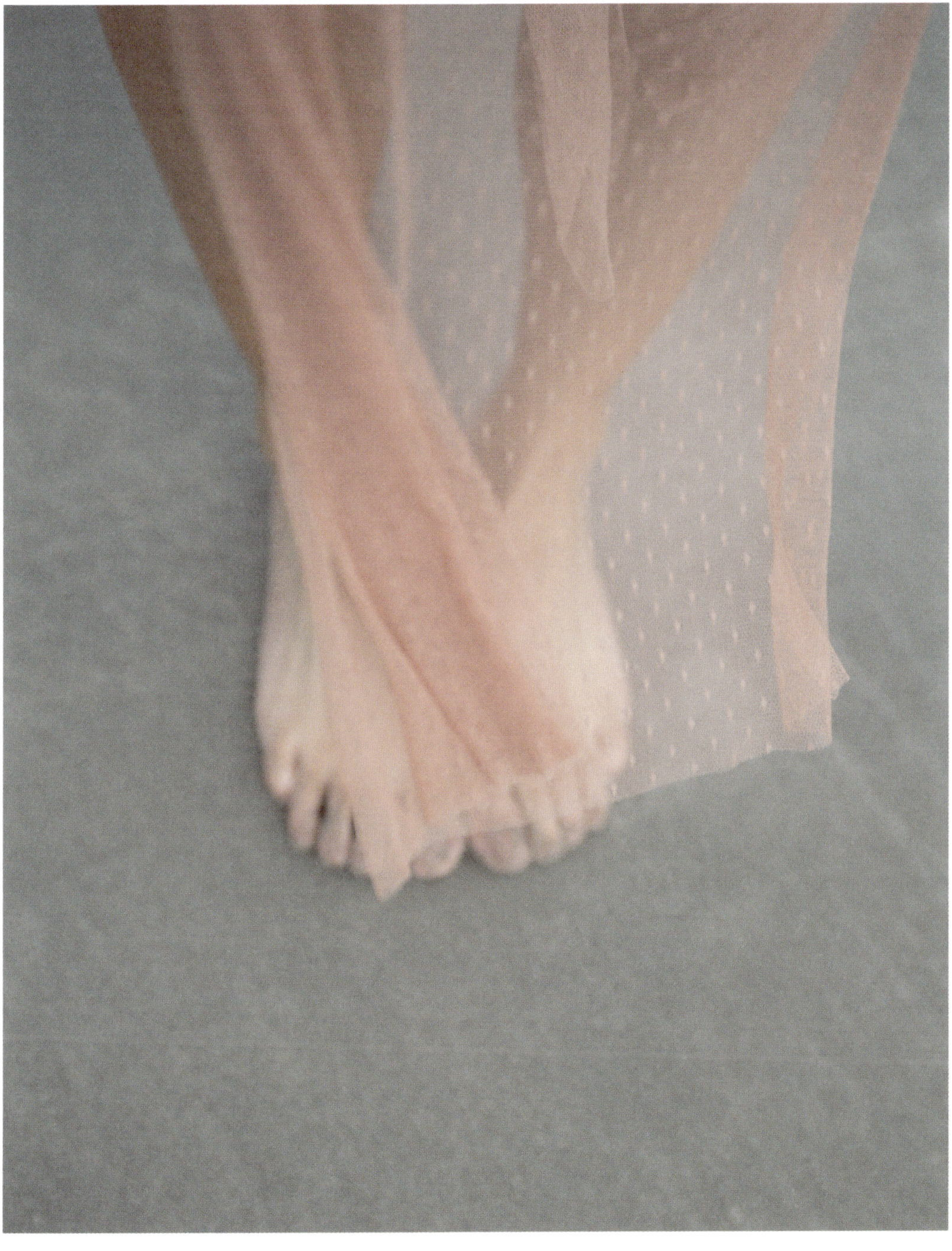

PRE- & AFTER WORKOUT FOOD

Mijn mem vond het belangrijk om me vóór een wedstrijd of training goed eten te geven. Maar omdat we door tijdgebrek meestal een halfuur van tevoren aten, zat het tijdens het sporten behoorlijk hoog en presteerde ik minder goed. Later ben ik me in sportvoeding gaan verdiepen. Ik ontdekte wat bij mij het beste werkt. In de vroege ochtend sport ik graag op een lege maag. En als ik 's avonds naar een spinning-les ga, zorg ik dat ik zo'n anderhalf uur van tevoren eet. Uiteraard moet een maaltijd voedzaam zijn, zodat je snel herstelt van je inspanning of langer door kunt gaan, maar het belangrijkst is natuurlijk dat het lekker is. Sporten wordt gewoon leuker als je het combineert met een lekker voedingsschema. Je vindt mijn favoriete recepten hieronder.

WORKOUT SHAKE

Ingrediënten (1 glas)
- 3 el amandel- (of kokos-)'yoghurt'
- 2 handjes blauwe bessen, bevroren
- sap van 1 citroen
- ½ avocado
- 1 Medjouldadel, pit verwijderd
- 1 tl spirulinapoeder, optioneel

Benodigdheden
blender

Bereidingstijd: 10 minuten

Bereiding
Doe alle ingrediënten in de blender en mix tot een romig geheel. Ik houd van een lekkere dikke shake maar wil je hem wat dunner, dan kun je er een scheut water of plantaardige melk aan toevoegen.

Houdbaarheid
Direct opdrinken of 1 dag in een afgesloten pot in de koelkast.

RICE & BEANS BOWL

5 - BEWEGEN

Ingrediënten (2-3 personen)
- 45 g bruine rijst, ongekookt
- 2 teentjes knoflook, gehakt
- 1 grote ui, in blokjes gesneden
- 1 grote rode paprika, in stukjes gesneden
- 1 grote oranje paprika, in stukjes gesneden
- 2 tl komijnpoeder
- 3 el tomatenpuree
- 250 ml water
- zout, optioneel
- ½ tl zwarte peper
- mespuntje chilipoeder, optioneel
- 260 g zwarte bonen, gekookt (uit pot of zelf gekookt), afgespoeld
- handje korianderblaadjes, fijngehakt
- (kokos)olie of ghee, om in te bakken

Bereidingstijd: 20 minuten

Bereiding
Kook de rijst volgens de aanwijzingen op de verpakking. Doe de knoflook en ui met wat olie in de pan, voeg na een minuutje de paprika's toe en bak deze tot ze zacht zijn. Voeg dan de tomatenpuree, zwarte peper, het water, zout en komijnpoeder en eventueel het chilipoeder toe en laat nog 10 minuten sudderen. Voeg vervolgens de rijst en bonen toe en schep alles goed door elkaar. Schep in een kom en bestrooi met wat koriander.

Houdbaarheid
3 tot 4 dagen in een luchtdicht bakje in de koelkast.

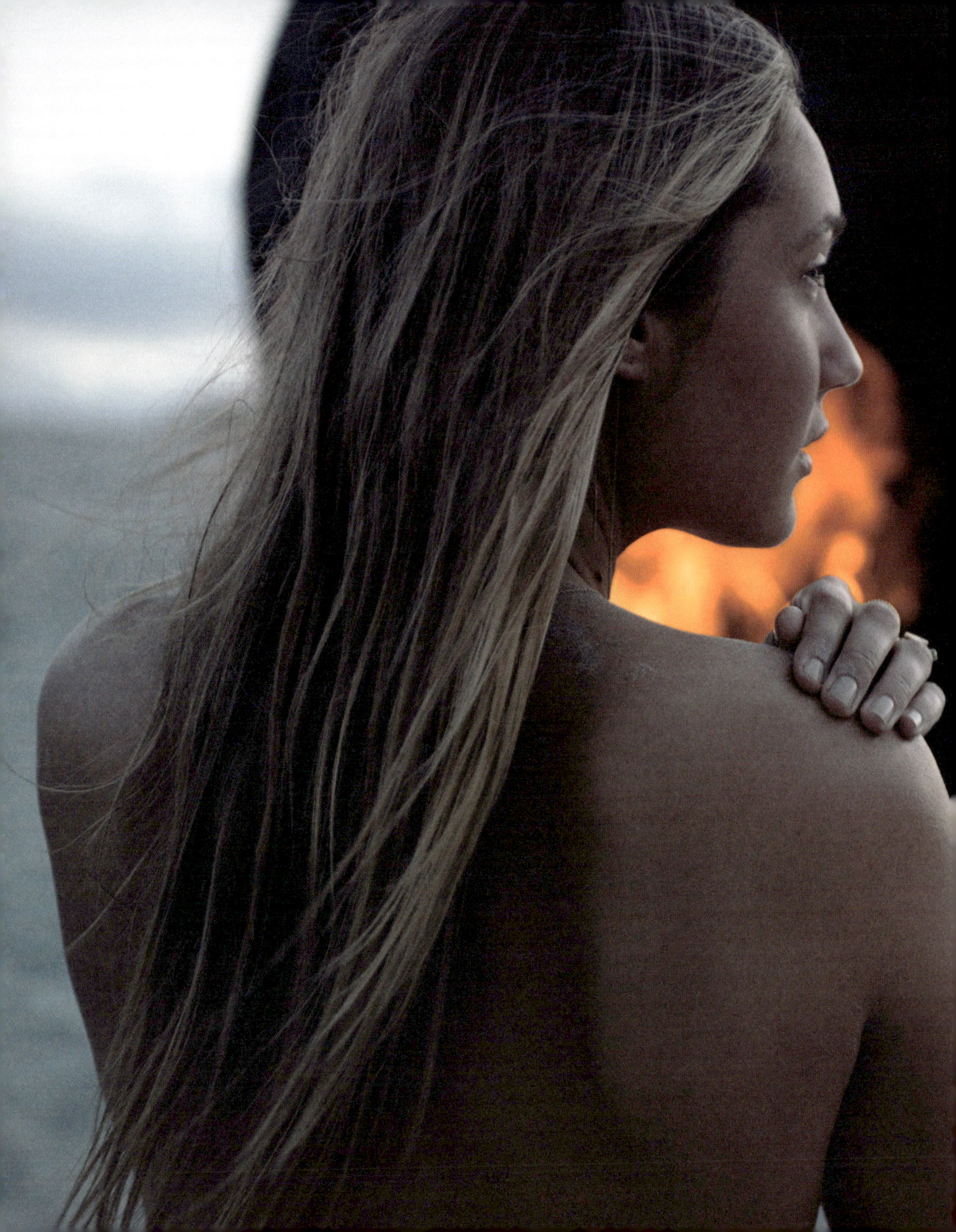

6
-
HOME

Jezelf nestelen op de bank, lekker slapen in je eigen bed, de geur van jouw eigen plek... Dat is thuiskomen, toch? Mijn huis is voor mij de beschermende cocon waar ik kan zijn wie ik ben, mijn veilige haven en letterlijk mijn *comfort zone*. In dit hoofdstuk vertel ik je hoe ik van mijn huis een thuis maak.

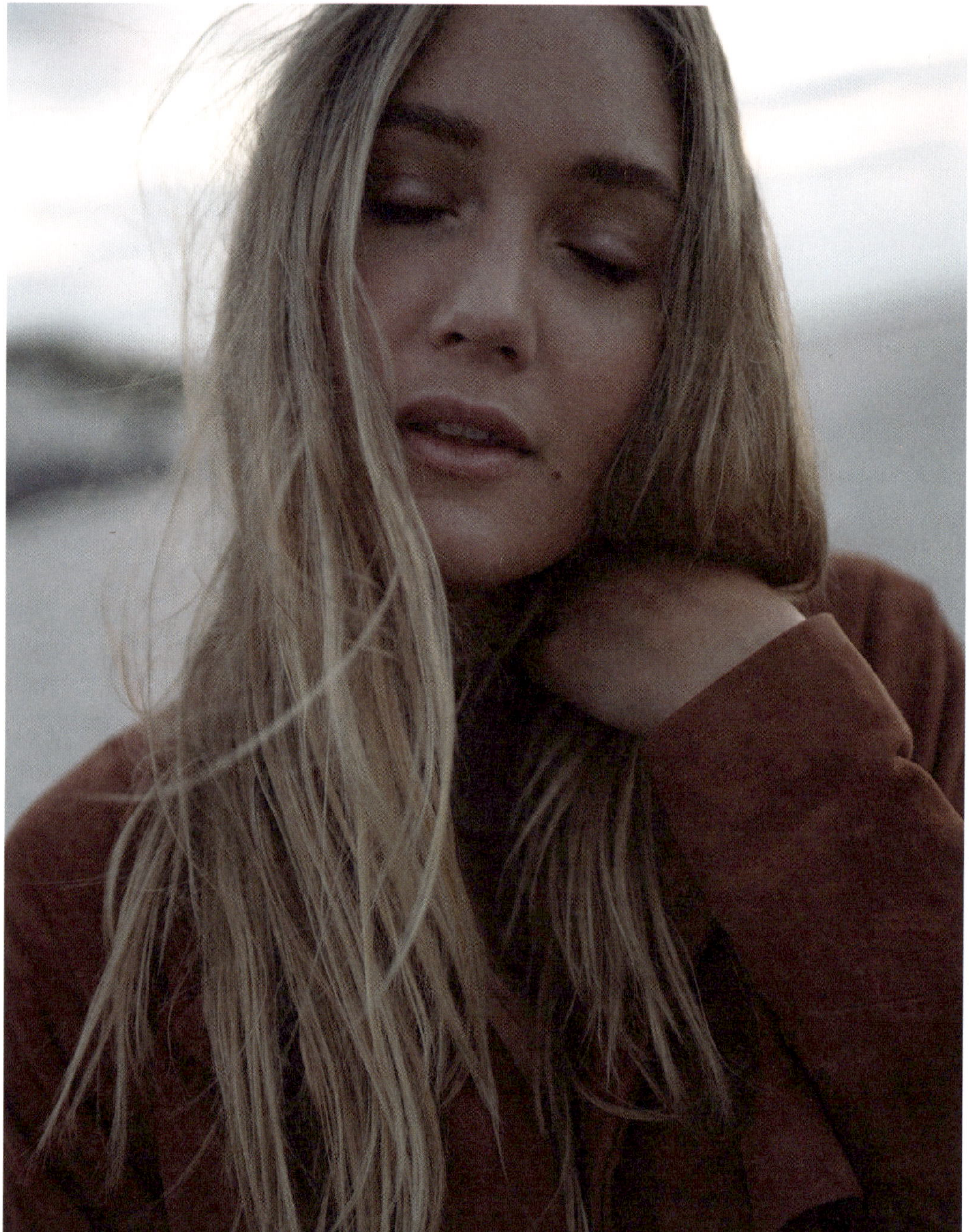

> "Some people look for a beautiful place. Others make a place beautiful."

Ik ben altijd een huismusje geweest. Vroeger zocht ik mijn eigen hoekjes op, waar ik me dan uren kon vermaken. Ik bouwde onder de tafel of achter in de tuin mijn eigen hutten. Met mijn poppen en knuffels aan mijn zijde maakte ik soep van water, brandnetels en kruiden. Ik probeerde mijn omgeving zo knus mogelijk te maken. In mijn studententijd woonde ik op verschillende kleine kamertjes en zolders, soms voor een halfjaar, soms voor drie maanden. Altijd zorgde ik ervoor dat het zo gezellig was als in mijn hutten. Dat ik me er thuis voelde.

Een fijn thuis is voor mij licht, fris en vooral rustgevend. Je moet je ontspannen en lekker voelen in je huis. En dat laatste is voor iedereen anders. Vroeger als mijn kamer één grote puinhoop was, zei mijn moeder: 'Zorg ervoor dat de feng shui goed is.' Ik had geen idee wat ze bedoelde, maar ze liet me mijn kamer opruimen en luchten en dat voelde meteen goed.

Feng shui is een oude Chinese filosofie die helpt bij een harmonieuze stroming van de levenskracht (ook wel *qi* of *chi*). Een goede inrichting en energie in een ruimte kunnen liefde, welvaart en geluk stimuleren, volgens deze leer. Klinkt misschien zweverig, maar het betekent dat een flinke poetsbeurt, je inrichting, de muziek, jouw handelingen, gedachten en emoties de sfeer van de ruimte kunnen bepalen. Nog steeds probeer ik elke dag 'de feng shui goed te houden' door de inrichting en de energie in mijn huis (en ook in mijn kantoor trouwens) genoeg aandacht te geven.

COMFORT ZONE

Een fijne ruimte

Je huis zegt meer over je dan je denkt. Is het netjes of rommelig? Modern of klassiek? Rustig of druk? *All is good*, maar het is leuk en interessant om eens goed naar je interieur te kijken om jezelf beter te leren kennen. Maar hoe je je huis ook hebt ingericht, het belangrijkst is dat het je veilige haven is. Dat je je er écht thuis voelt, kunt ontladen en opladen en 100% jezelf kunt zijn. Durf je te dansen in de woonkamer? Heb je een fijne plek om je terug te trekken? Dát is volgens mij belangrijk. Hoe ik een thuis creëer? Deze ingrediënten zijn voor mij essentieel.

Reinigen

Ik reinig mijn huis door het stofvrij te houden en regelmatig uit te soppen. Dat doe ik met (zelfgemaakte) schoonmaakmiddelen. Ik maak er een ritueeltje van door de muziek hard aan te zetten, alles van z'n plek te halen en de boel goed te luchten en schoon te maken. Door met zo'n happy energie je huis onder handen te nemen, poets je als het ware negatieve emoties weg die je onbedoeld mee naar binnen genomen hebt. Eens in de zoveel tijd ga ik als een ware kruidenvrouw met een rokerige witte salie-stick of palo santo door mijn huis. In veel culturen is dit een eeuwenoude traditie. Het kruid of zo'n stuk heilig hout zou vervuilde energie zuiveren.

VENTILATIE

Hoe meer zuurstof in je huisje hoe beter. Te veel vocht en te weinig frisse lucht kunnen kwaaltjes veroorzaken, zoals een droge keel of hoofdpijn. Ik heb ventilatieroosters die standaard openstaan, maar ook ramen op een kiertje zorgen voor goede luchtcirculatie.

Ook belangrijk: de temperatuur van je slaapkamer. Wat je fijn vindt verschilt per persoon, maar ergens tussen de 17 en 21 graden is het meest optimaal.

Go green

Zowel op kantoor als thuis kan ik niet zonder planten. De natuur heeft een positief effect op ons welzijn, dus waarom zou je die niet in huis halen? Planten zijn fantastische sfeermakers, kunnen stress verminderen én de luchtkwaliteit naar een hoger level brengen doordat ze zuurstof produceren. Sommige planten kunnen de lucht in huis zelfs zuiveren. Genoeg redenen om mijn huisje vol te zetten met groen!

Kristallen

Stenen hebben altijd een belangrijke rol gehad in het leven van de mens. Om vuur te maken, als gereedschap, als decoratie, maar ook om hun helende werking. Mijn mem deed in mijn kindertijd een cursus 'kristallen en edelstenen' en verdiepte zich in de werking ervan. Tijdens onze familievakanties zochten we naar de mooiste stenen om thuis uit te stallen op het terras of in de vensterbank. Het klinkt misschien een beetje zweverig, maar ik denk dat edelstenen en mineralen een krachtig energieveld om zich heen dragen dat met trillingen harmonie in een ruimte kan creëren. En mocht je daar nou niet helemaal in geloven: stenen zijn sowieso mooie natuurlijke accessoires in je woon- of slaapkamer.

Minimaliseren

Hoe minder spullen je hebt, hoe minder rommel je kunt maken. Ja, toch? Ik ben zelf vaak verhuisd en heb daardoor heel veel weggegooid. Er zijn minder, maar kwalitatief betere spullen voor in de plaats gekomen. En dat is heel bevrijdend! We zijn allemaal gewend om onze huizen vól te zetten met nutteloze spullen, maar het geeft veel meer rust en overzicht als je minimaliseert.

MIJN FAVORIETE EDELSTENEN EN HUN WERKING

-

Bergkristal, Amethist & Rozenkwarts
Vormen een magic trio dat zorgt dat de aanwezige energie in je huis in balans wordt gebracht.

-

Zwarte toermalijn
Heb ik op mijn bureau staan. Deze steen zou negatieve straling van een computer, tv of andere elektrische apparaten absorberen.

Je kunt kristallen eens in de zoveel tijd opladen, zegt men. Leg ze tijdens vollemaan buiten of op de vensterbank in het maanlicht. Daarna zijn ze weer helemaal recharged.

MIJN FAVORIETE KAMERPLANTEN

-

Bamboepalm

-

Cactus

-

Dracaena Janet Craig (drakenbloedboom)

-

Klimop

-

Monstera (gatenplant)

-

Scindapsus

Sfeertje

Let there be light

Licht kan de sfeer en beleving van je huis helemaal veranderen. Zoveel mogelijk natuurlijk licht maakt mensen het gelukkigst. Ik laat als het kan de zon naar binnen schijnen door zodra ik wakker ben mijn gordijnen open te gooien. Elke straal is welkom! Ook gebruik ik zoveel mogelijk lichte kleuren op grote oppervlaktes, zoals muren en vloeren. Dat creëert licht en een ruimtelijk gevoel. 's Avonds wil ik het licht juist dimmen, zodat ik lekker kan relaxen. Het liefst steek ik kaarsen aan en wat verschillende kleine lampjes. Ik kies voor kaarsen van 100% bijenwas of aluminiumvrije waxinelichtjes en ik ben gek op zoutlampen van puur Himalaya-zout, die een mooie roze-oranje licht geven én de lucht reinigen.

Kleur!

Wat je mooi vindt is heel persoonlijk, maar kleur in huis is heel erg mood-bepalend. Ik kies het liefst voor aardse kleuren zoals groen, geel en bruin. Ze creëren rust en dat is wat ik wil in mijn huis. Bepaal goed voor jezelf welke kleuren passen bij hoe jij je wilt voelen. Rood geeft bijvoorbeeld energie en bevordert dynamiek en blauw kan een kalmerend en verkoelend effect hebben.

Tunes

Music = life! Van jongs af aan heb ik pianogespeeld, mijn eigen liedjes gemaakt én... als leadzangeres in bandjes gezeten (o.a Kroescontrol, waarover ik niet verder uitweid ;)) Ook maakten mijn zus en ik ons eigen drumstel met pannen en lepels, en regelmatig dansten we erop los in de woonkamer. 'Even emoties oplossen,' zeiden mijn ouders dan. Muziek kan namelijk met haar trillingen energieblokkades losmaken. Zo lekker! Ga maar na. Wat doet muziek met je? Word je weleens verdrietig, actief of heel happy als je een liedje hoort? Ja toch? Dat is wat muziek doet! En het kan ook dat effect hebben als je kamer zich vult met muziek. Ik kies zelf het liefst voor energieke, happy *tunes*. En ik kan geen dag zonder. Het is een essentieel onderdeel van mijn ochtendroutine – namelijk de speakers op standje 'lekker hard', meezingen én dansen.

PLANTEN & MUZIEK

Draai muziek in huis niet alleen voor jezelf, maar óók voor je planten. Naast water, licht en zuurstof, zeggen onderzoeken dat ook muziek de groei zou kunnen versnellen. De toename in groei is wel afhankelijk van de muziek die je kiest, want planten hebben schijnbaar een voorkeur voor klassiek.

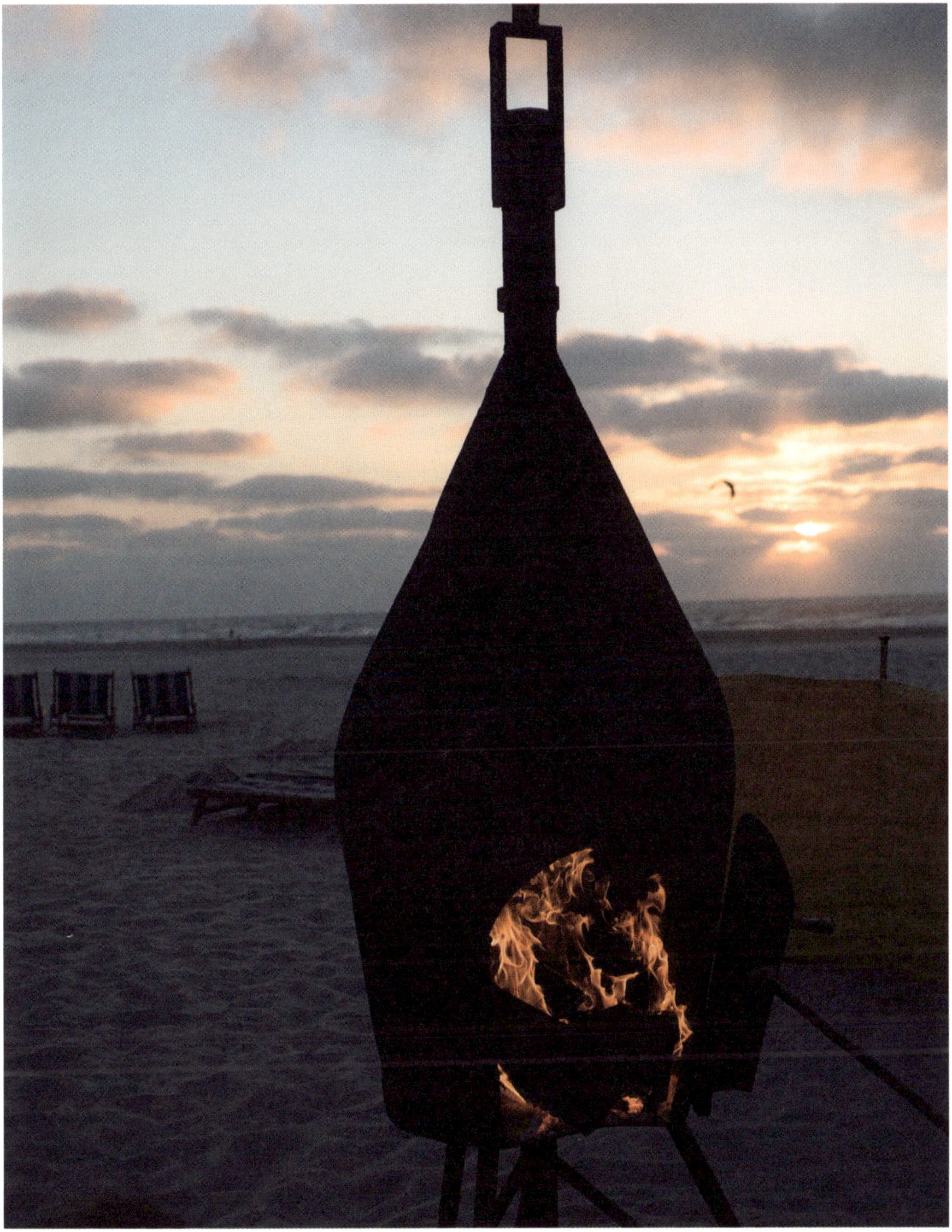

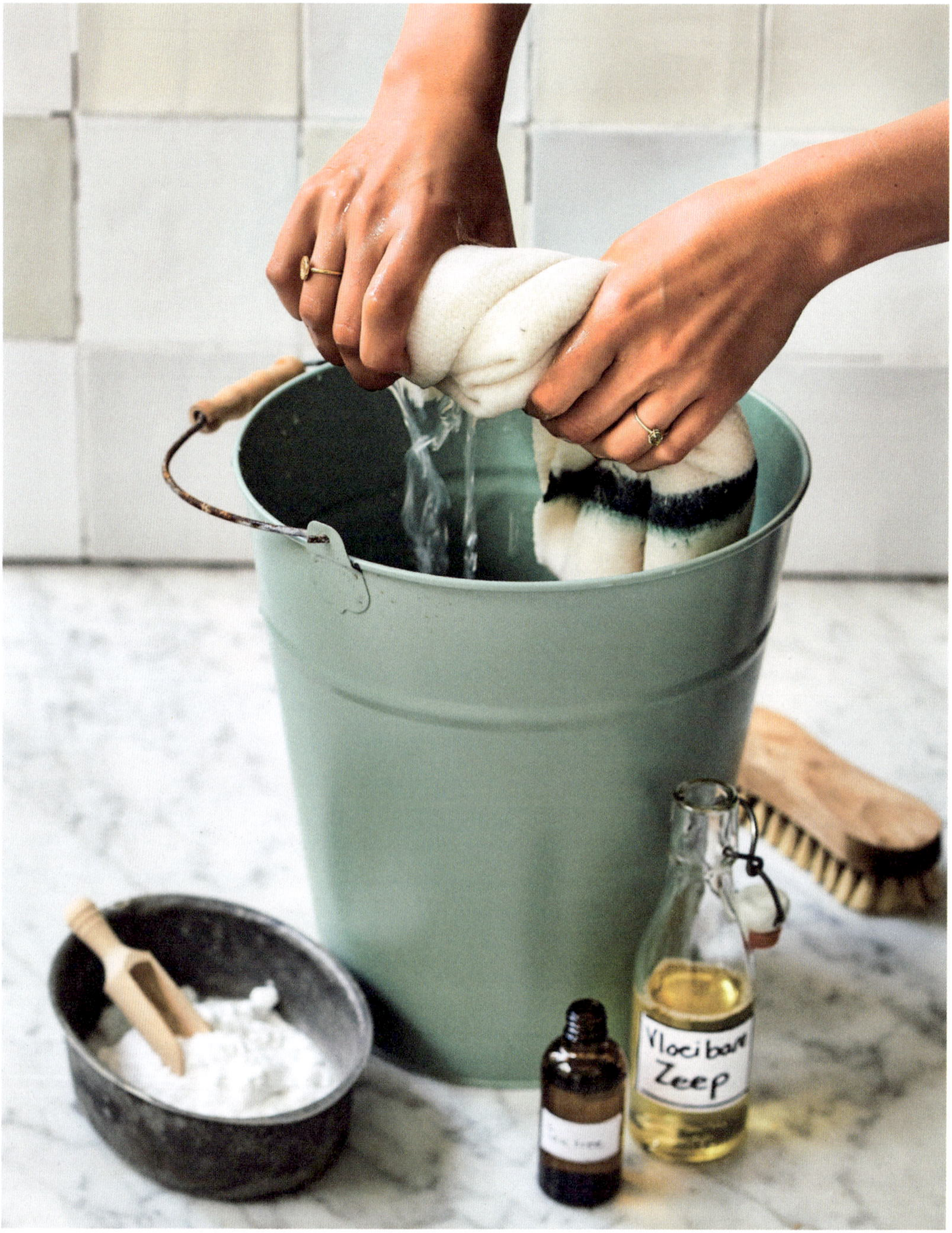
Vloeibare
Zeep

SCHOONMAAKMIDDELEN

8 RECEPTEN VOOR EEN FRIS HUIS

HAPPY PLACE

Flink boenen en schrobben schoont op, zowel mijn hoofd als mijn huis. Ik gebruik altijd schoonmaakmiddelen zonder chemicaliën. Die zijn beter voor het milieu, verstoren je hormoonhuishouding niet en je ademt geen schadelijke stoffen in. En het allerliefst maak ik ze natuurlijk zelf.

ALLESREINIGER

Hiermee maak ik mijn tafel, vloer en aanrecht schoon, maar ook keukenkastjes en de badkamer. Tea-tree-olie werkt lekker ontsmettend.

Ingrediënten
- 75 ml gekookt water, afgekoeld
- 1½ el vloeibare groene zeep (marseillezeep mag ook)
- 1 tl baking soda
- 10 druppels etherische tea-tree-olie
- 7 druppels etherische citroenolie

Benodigdheden
glazen spuitflacon

How to
Voeg de ingrediënten samen in een flacon. Schud zachtjes om de ingrediënten te mengen, maar niet te hard, want dan gaat het te veel schuimen.

Baking soda gebruik ik echt voor álles. Om te bakken, of course. Maar ik gebruik het ook in mijn beautyproducten (pag. 127), voed mijn snijbloemen ermee én ik doe het in bijna al mijn schoonmaakmiddelen. Mijn all-time favourite huis-tuin-en-keuken-ingrediënt!

6 - HOME

WASMIDDEL
(voor gekleurde was)

Je eigen wasmiddel maken is een stuk goedkoper, en waar ik voorheen last had van roodheid reageert mijn huid nu beter op mijn gewassen kleding.

Ingrediënten
- 30 g soda
- 30 g harde zeep, op basis van 100% pure olijfolie
- 2 liter water
- 5 druppels etherische olie naar wens

Benodigdheden
hervulbare (glazen) fles met wijde opening

How to
Rasp de zeep met een grove rasp. Kook vervolgens het water in een grote soeppan en voeg de zeep toe. Roer totdat deze volledig is opgelost. Voeg de soda en etherische olie toe. Laat het mengsel afkoelen en giet het in de fles. Het wordt dik zodra het afgekoeld is.

Witte was? Haal dan de soda uit de ingrediëntenlijst.

WASSEN MET WASNOTEN

Wasnoten groeien aan de zeepnotenboom. De schil van de noot wordt al eeuwenlang gebruikt als wasmiddel. Als de schillen in contact komen met water, heeft dat namelijk dezelfde werking als zeep.

Ingrediënten
- wasnootschillen (superschillen)
- 3 druppels etherische olie naar keuze, optioneel

Benodigdheden
katoenen waszakje

How to
Doe de schillen in het katoenen zakje, stop het in de trommel en wassen maar! Je kunt het voor zowel witte als gekleurde kleding gebruiken.

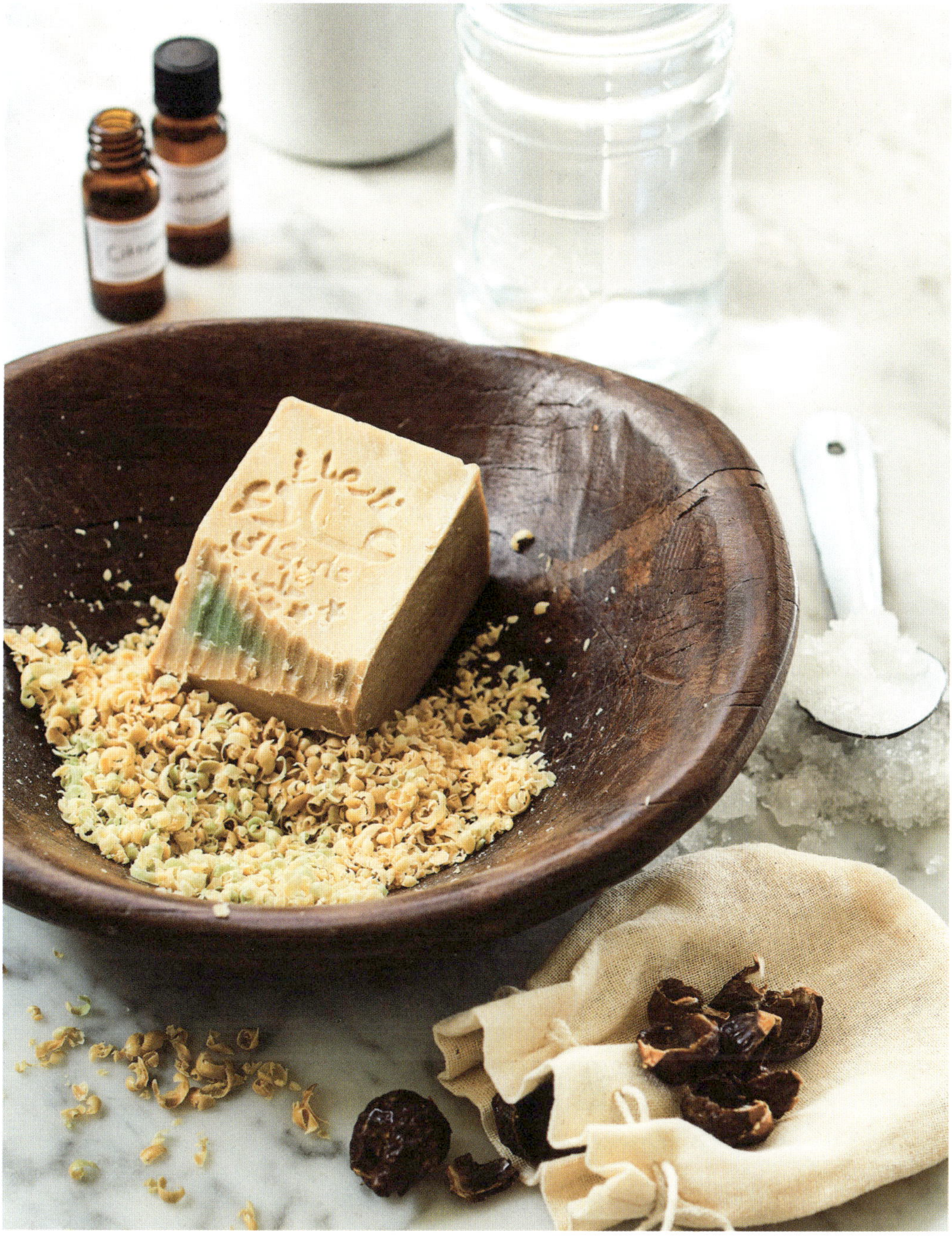

Ik gebruik witte azijn als glansspoelmiddel. Je glazen gaan er mooi van glanzen, het is beter voor het milieu, voordeliger én je vaatwasser wordt meteen goed onderhouden want azijn ontkalkt.

SCHOONMAAKMIDDELEN

VAATWASTABLETTEN

Ik sta natuurlijk hele dagen in de keuken. En hoewel ik afwassen geen straf vind, is een vaatwasser wel héél fijn met zoveel vaat. Met dit poeder wordt alles superschoon!

Ingrediënten
- 40 g baking soda
- 40 g zeezout, fijn
- 120 g kristalsoda
- 120 g citroenzuur
- 20 ml azijn
- 10 ml citroensap
- 10 druppels etherische olie naar wens (tip: half citroengras, half eucalyptus)

How to
Doe alle ingrediënten in een kom en voeg er azijn en citroensap aan toe, tot je een dikke pasta hebt. Roer goed. Giet de massa in een ijsblokjesvorm en laat het een dag uitharden op je keukenblad. Haal ze eruit en here you go; je hebt vaatwastabletjes!

AFWASMIDDEL

Ook als ik met de hand afwas, doe ik dat het liefst met mijn eigen soap. Dit afwasmiddel is binnen *no time* gemaakt én het is milieuvriendelijk.

Ingrediënten
- 125 ml vloeibare castillezeep
- 125 ml water, gedistilleerd
- 1 el jojoba- of amandelolie
- 15 druppels etherische olie naar wens (ik vind citroen en pepermunt heerlijk!)
- 1 el witte azijn, optioneel

How to
Meng de ingrediënten in een fles en verdun met wat warm water. Schud zachtjes om de ingrediënten te mengen, maar niet te hard, want dan gaat het geheel schuimen.

6 - HOME

EEN NÓG SCHONERE VAAT?

Snijd een citroen doormidden, verwijder de pitjes en leg een helft (de rest voor in je smoothie) in de bestekbak of in het bovenste rek van je vaatwasser. Het citroenzuur zorgt ervoor dat je vaat meer glans krijgt. En nee, het gaat hierdoor niet naar citroen smaken.

SCHOONMAAKMIDDELEN

WC-SPRAY

Voor op de wc heb ik mijn eigen luchtverfrisser gemaakt. Werkt hartstikke goed! Ik kies voor citroen, ylangylang, pepermunt en zoete sinaasappel, maar je kunt natuurlijk je eigen geur kiezen.

Ingrediënten
- 60 druppels etherische oliën naar keuze
- 120 ml gedestilleerd water (bv. gekookt)
- 1 tl pure alcohol (mag ook wodka zijn)
- 1 el neutrale vloeibare castillezeep, optioneel

Benodigdheden
trechter; kleine (glazen)
spuitflacon (ca. 150 ml)

How to
Meng alles bij elkaar in een kleine spuitflacon of plantenspuit, schud even goed door en spray het in de ruimte.

Ik gebruik het liefst gedestilleerd water in DIY beauty- & schoonmaakrecepten. Gekookt water is prima als je het meteen wilt gebruiken, maar gedestilleerd heeft mijn voorkeur.

Tidy House, Tidy Mind.

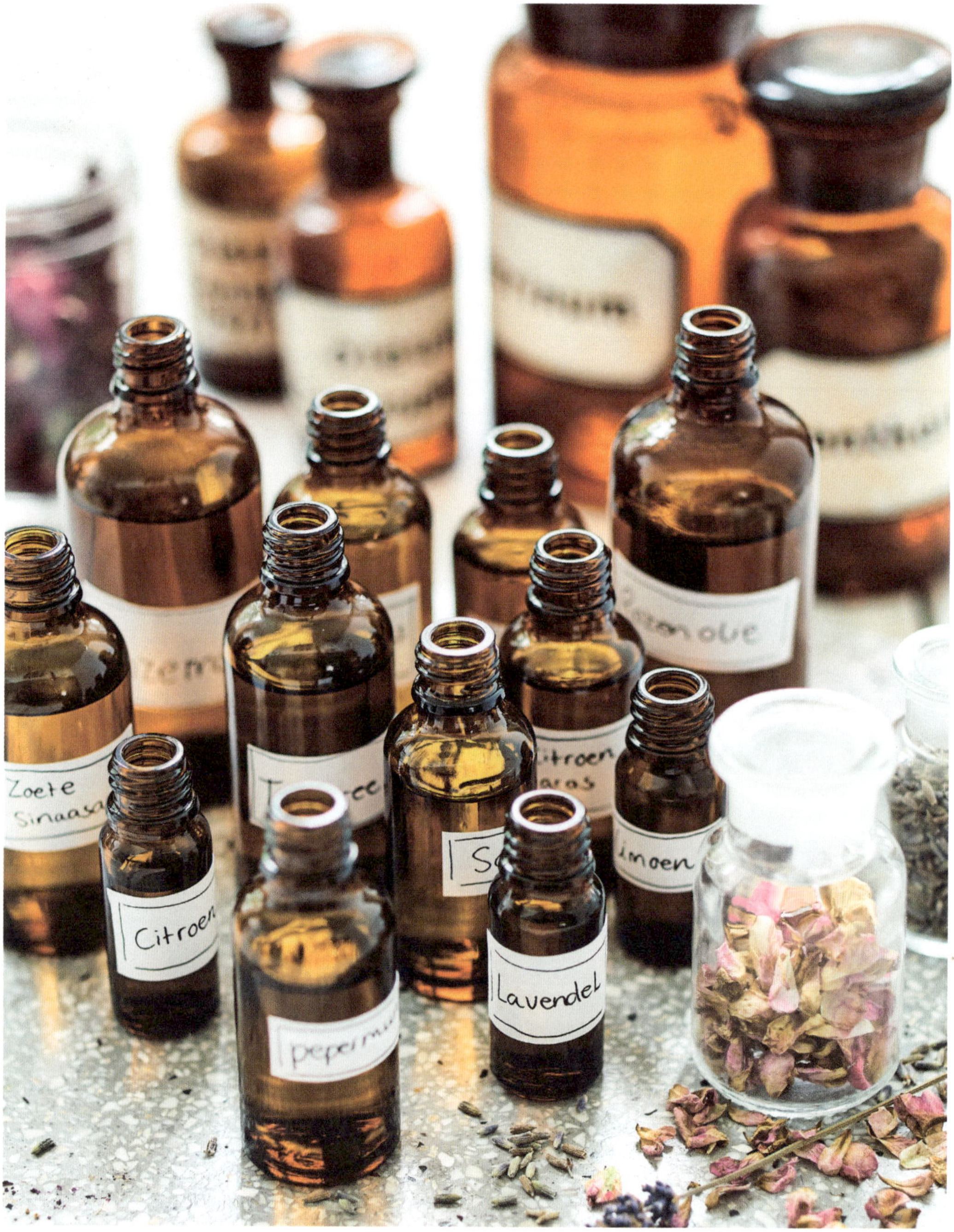
Zoete
Citroen
LavendeL

Met zuivere wierook, een natuurlijke geurkaars of een zelfgemaakte *room spray*, zorg ik dat mijn huisje altijd lekker ruikt. Het allerliefst gebruik ik een aromaverdamper met een eigen mix van etherische oliën.

Kies voor natuurlijke en zuivere luchtjes, zodat je geen schadelijke stoffen inademt. Als je twijfelt over de samenstelling kun je altijd een deskundige vragen.

ENERGY OIL

Overdag vind ik deze combinatie echt heerlijk voor een boost van mijn energie.

- 4 druppels rozemarijnolie - 3 druppels citroenolie
- 3 druppels pepermuntolie

CALM DOWN

Deze blend verdamp ik in mijn slaapkamer, voor een ontspannen nachtrust.

- 4 druppels lavendelolie - 3 druppels clary-salie-olie
- 2 druppels roos-geraniumolie - 2 druppels ylangylangolie

FRESH AIR

Als je huis een opfrisser kan gebruiken is deze mix heel fijn.

- 3 druppels citroenolie - 3 druppels limoenolie
- 3 druppels tea-tree-olie

179

7
PLANET

We zijn allemaal onderdeel van de natuur én we zijn afhankelijk van onze planeet. Dat is bijzonder! Helaas realiseren veel mensen zich dit niet genoeg en maakt onze consumptiemaatschappij juist veel kapot. Tijd om er iets aan te doen, als je het mij vraagt. In dit hoofdstuk laat ik zien hoe ik mijn steentje probeer bij te dragen aan een *healthy planet*.

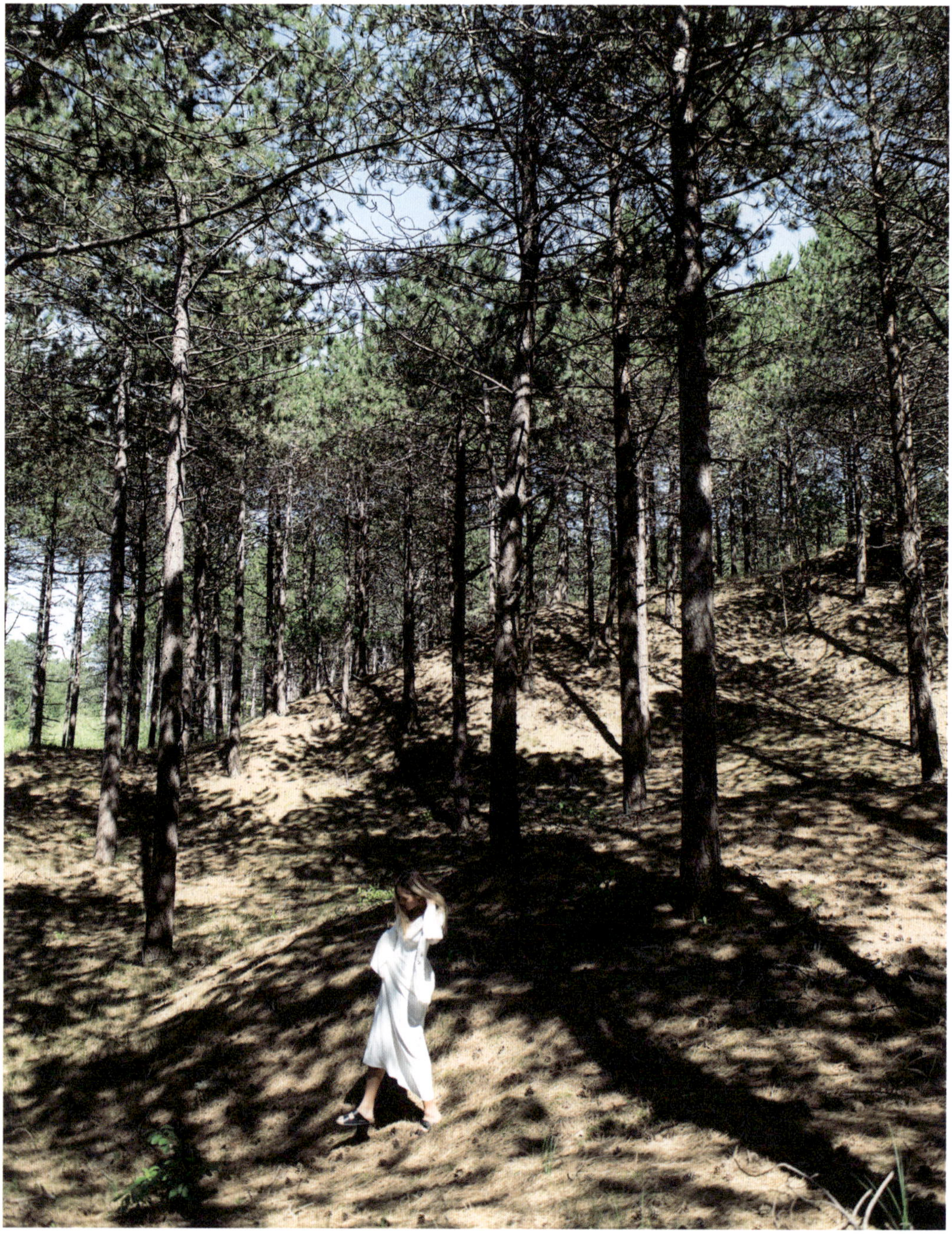

7
-
PLANET

De reden dat ik zo'n connectie voel met de natuur, is omdat ik erin opgroeide. Als ik door het raam van ons landhuisje keek, zag ik het meer waar we 's zomers zeilden en 's winters schaatsten. We konden slecht weer zien aankomen aan de wolken die boven het water hingen. Onze achtertuin was één groot walhalla van (fruit)bomen, bloemen, bessenstruiken en natuurlijk een moestuin vol kruiden en groenten. Ik was erdoor gefascineerd. Hoe kon er uit de grond zoveel moois groeien? Ik leerde hoe de natuur werkt. Dat aardbeien niet in de winter groeien, dat insecten zorgen voor bestuiving, en dat de maan zorgt voor eb en vloed.

Ik denk dat ik daarom zo bewust mijn keuzes maak. Sowieso is een healthy lifestyle niet alleen goed voor je eigen gezondheid, ook het milieu heeft er baat bij. Zeker nu ik ook weet wat een enorme impact wij met al onze eetgewoontes, spullen en verre reizen hebben op het functioneren van de Aarde en haar natuur. De Aarde biedt ons schone lucht, vruchtbare grond, CO_2-opslag, voedsel, medicatie, water... Ik vind dat zo bijzonder en we moeten daar zuinig op zijn. Ik hoef je vast niet te vertellen hoe belangrijk het is om goed voor onze planeet te zorgen. Maar... ik doe het toch. Steeds vaker gaat het gesprek over klimaatverandering, instorting van biodiversiteit en plasticsoep. Het voelt als een onderwerp dat ik gewoonweg niet kan vermijden en geeft me nóg meer reden om mijn *way of life* goed onder de loep te blijven nemen.

NO PLANET B

7 - PLANET

Toekomst

Ik ben iemand die optimistisch is ingesteld, maar wat betreft dit onderwerp is de realiteit gewoonweg niet heel positief. Het is belangrijk dat we hierbij stilstaan. Het gaat namelijk echt niet zo goed met de gezondheid van onze prachtige planeet. Wij, met ons miljarden, putten haar uit. We kopen te veel spullen, gebruiken te veel fossiele brandstoffen, ontbossen en overbevissen. Er is te veel uitstoot van broeikasgassen. En ook voor de achteruitgang van de insectenstand kunnen we onze ogen niet meer sluiten. Het klinkt en voelt misschien overweldigend, maar er is wél een manier om hier positief mee om te gaan. Met iedere stap in de juiste richting kunnen we de loop van de toekomst zeker ten goede beïnvloeden.

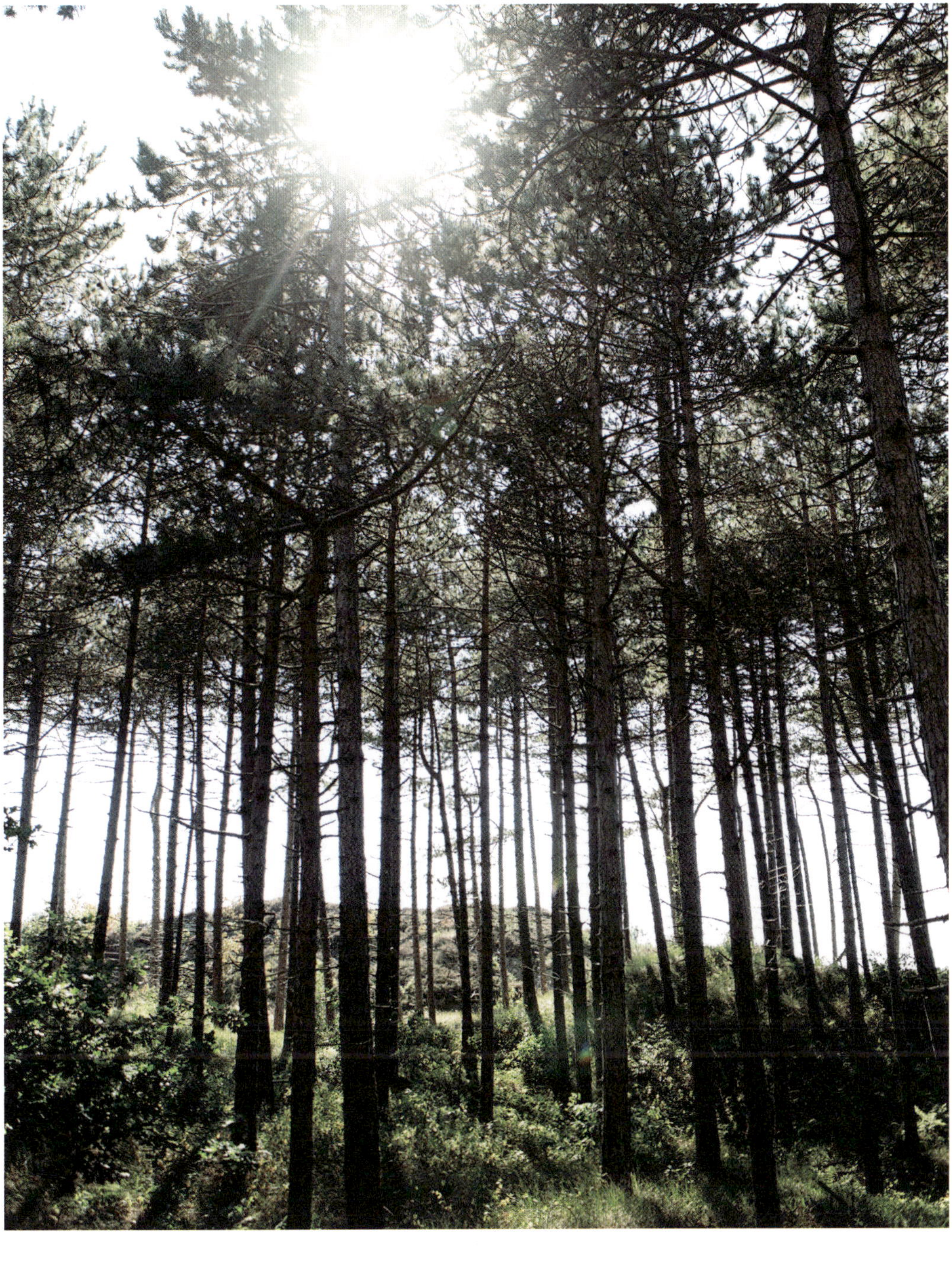

Voetafdruk

Hoe ik mijn steentje bijdraag? Ik probeer me bewust te zijn van wat ik achterlaat op deze Aarde. In positieve zin, dus ik hoop dat ik mensen wat kan meegeven op het gebied van puur en gezond eten. Maar ik kijk ook naar mijn *carbon footpint*, en daar probeer ik zo goed mogelijk mee om te gaan.

Contact met de natuur

Als plattelandsmeisje heb ik altijd een goede verhouding met de natuur gehad. En al woon ik nu in de stad, ik probeer dat te behouden. Ook in Amsterdam of New York is het groen! Echt hoor. Als je maar goed kijkt. Ik probeer vaak naar het park te gaan of te genieten van de planten op mijn balkon. En nog liever verlaat ik zo nu en dan de stad voor een bos- of strandwandeling of een weekend in mijn ouderlijk huis. Als ik in Fryslân ben, breng ik nog meer tijd buiten door. Contact maken met de natuur en haar schoonheid zien, is de eerste stap naar een bewuster leven. Want niemand wil al dat moois verpesten, toch?

Ik ben gefascineerd door de maan! Denk je eens in: eb en vloed, en daarmee nog meer processen in de natuur, worden geregeld door zijn aantrekkingskracht. Zo krachtig!

Minder verbruik van water en elektriciteit

Licht uit, verwarming laag, kraan dicht. Zo simpel, maar essentieel. Ik wacht tot de vaatwasser vol is voor ik 'm aanzet. Ik ben overgestapt naar groene stroom, douche niet langer dan nodig en trek eerst een trui aan voor ik de verwarming hoger zet. Ik vind het belangrijk om me bewust te zijn van het voorrecht dat ik gebruik mag maken van al deze luxe. Met één druk op de knop stroomt elektriciteit, warmte of water je huis binnen. Dat inzicht zorgt ervoor dat ik er zuinig op ben.

Heb je ruimte? Investeer dan in zonne-panelen of een zonneboiler voor op je dak.

Fashion

Oké, ik ben dol op mooie kleding. En eerlijk? Tot kort geleden maakte ik geen onderscheid in wat ik droeg. Of het nu van een grote keten kwam, of handgemaakt was door een Nederlandse ontwerper. Als ik iets moois zag, kocht ik het. Maar ik kan er niet meer omheen… De textielindustrie heeft een groot aandeel in de wereldwijde CO2-uitstoot en bijna de helft van de afvalwaterproblemen in de wereld zijn hieraan gerelateerd. En dan heb ik het niet eens over de arbeidsomstandigheden. Dus ik support liever geen *fast fashion* meer. Als ik nu nieuwe aankopen doe, geef ik voorrang aan duurzame en eerlijk gemaakte kleding. Ik kies voor kwaliteit boven kwantiteit. Daarnaast besteed ik zorg en aandacht aan mijn huidige garderobe, ik was mijn kleding op lage temperaturen en droog zo min mogelijk in de droger. Ik koop soms tweedehands, en kleding die ik niet meer draag doneer, verkoop of ruil ik.

Reizen

Dit onderwerp vind ik zó lastig, want oh my: *I love to travel!* Het liefst zo ver mogelijk, en met het vliegtuig dus. Ik krijg energie van het proeven van nieuwe gerechten, het ontdekken van andere culturen en van het avontuur. Ik kan helemaal in het moment leven en word er ontzettend creatief van. Reizen is voor mij dé manier om inspiratie op te doen en daarmee mezelf en mijn business naar een hoger niveau te brengen. Maar helaas is de luchtvaart misschien wel de grootste milieuvervuiler van allemaal. Voor een *travel lover* als ik is dat geen goed nieuws. Hoe goed het ook is voor mijn *mental health*, ik doe er onze planeet geen plezier mee. *What to do?* Er zijn helaas geen smoesjes. Als het gaat om duurzaamheid is vliegen met geen enkele mogelijkheid goed te praten. Hoewel ik nog op zoek ben naar de juiste balans, probeer ik er zoveel mogelijk rekening mee te houden. Waar ik kan kies ik voor de auto of de trein in plaats van voor het vliegtuig. Overigens doe ik in Amsterdam alles op de fiets.

7
-
PLANET

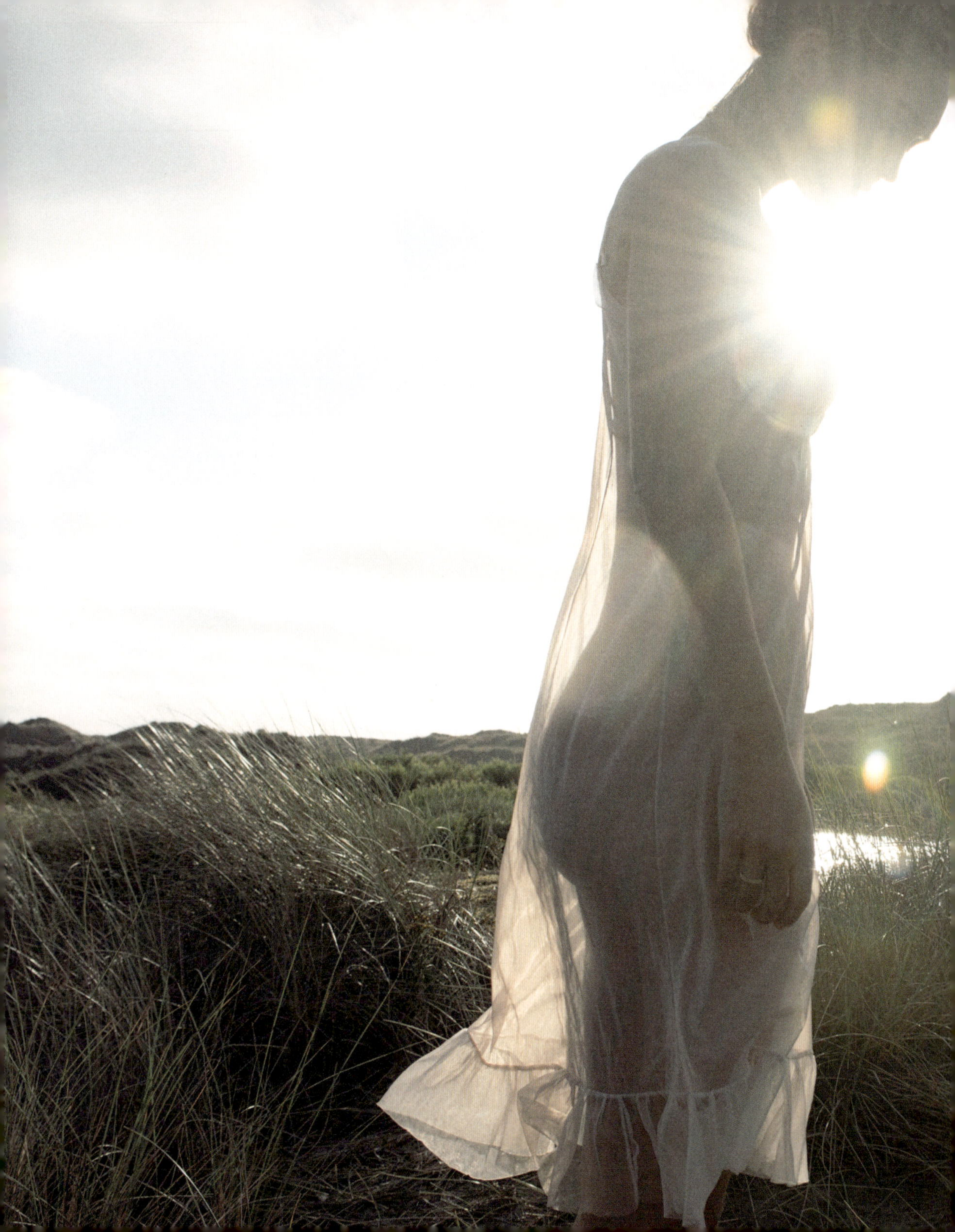

"We do not inherit the Earth from our ancestors; we borrow it from our children."

—Quote – Chief Seattle

COMPOST!

Vroeger liep ik maar wat graag met mijn gft-emmertje naar de achtertuin om het op de composthoop te leggen. Het 'groene' afval transformeert zich binnen een paar maanden tot mooie vruchtbare grond. Vol verwondering keek ik hoe bacteriën, schimmels en insecten het afval omzetten in voedzame aarde en vocht. Voor mijn ouders leverde dit gratis voeding op voor de tuin. En het allerleukst? Ik doe het nog steeds! Op kantoor en thuis heb ik een wormenbak staan, waarin ik mijn gft-afval kwijt kan. Gewoon op mijn balkonnetje. De compost dient vervolgens als voeding voor mijn (kamer)planten. Je kunt ook kiezen voor een composteertrommel.

Glazen potten spoel ik goed om en gebruik ik om kliekjes of gedroogd eten in te bewaren.

Recycling

Verpakkingsmateriaal is de grootste bron van afval op onze planeet. Denk aan plastic, papier en glas. Door afval goed te scheiden help je bij het recyclen van deze materialen. Ik heb zowel thuis als op kantoor vier verschillende afvalbakken staan: glas, plastic, karton/papier en restafval. Daarnaast scheiden we ook nog batterijen en kapotte lampen. Om er nog een schepje bovenop te doen, koop ik zo veel mogelijk producten van gerecycled materiaal.

HAPPY NEW SEASON!

We kunnen onze ecologische voetafdruk flink verkleinen door te kiezen voor seizoensgroenten die lokaal groeien. Als je het echt hardcore wilt aanpakken kweek je natuurlijk je eigen groenten. Maar als je daarvoor weinig tot geen ruimte hebt, kun je prima terecht bij de biologische supermarkt, de groenteboer of op de markt. Hoe leuk is het om te koken met (vaak vergeten) oud-Hollandse groenten? Ik gebruik zelf een fruit- en groentekalender, waarop ik kan zien wat er wanneer wordt geoogst.

Lege blikken zijn perfecte opbergers voor pennen of andere losse spulletjes.

Vega(n)

Het is inmiddels duidelijk dat veehouderij een ongekend grote impact heeft op het milieu. Er komen veel broeikasgassen vrij, voor het veevoer wordt ontzettend veel bos gekapt en water verbruikt, en dan heb ik het nog niet eens over dierenwelzijn. Misschien is 100% vegan eten een grote stap, maar als je het mij vraagt zijn we het aan de Aarde verplicht om onze vleesconsumptie drastisch te verminderen. En dat hoeft echt niet moeilijk te zijn. Wie mij al een tijdje volgt, weet dat ik het heerlijk vind om *plant-based* te eten. Veel van mijn recepten zijn van plantaardige ingrediënten. Dierlijke producten eet ik met mate en ik zorg dat ik weet waar ze vandaan komen. Er zit namelijk een groot verschil tussen een kippeneitje van de buren of eieren van een kolossale kippenboerderij. Ook zijn er steeds meer vleesvervangers (let op: die kunnen ook milieubelastend zijn), die het makkelijker maken om je dagelijkse stuk vlees gedag te zeggen. *Ready?* Ga op onderzoek uit en kijk wat voor jou werkt.

Moestuin

Als je groene vingers hebt, net als ik, is niks leuker dan je eigen moestuintje creëren. Dat kun je doen in de tuin, op je balkon, op een dakterras en zélfs op de vensterbank. Cherrytomaatjes, basilicum, rucola, kamille, kleine paprikaatjes, citroengras... Je kunt het zo gek niet bedenken. Met de juiste aandacht kan het écht. Zowel op kantoor als thuis kweek ik groenten en kruiden en dat zorgt ervoor dat ik voeding nóg meer waardeer. Ik vind het zo bijzonder dat er een bloem of plant kan groeien vanuit een zaad. Vooral wanneer het eetbaar is!

7 - PLANET

HET BEGINT ÉCHT BIJ JEZELF

3 DIY'S TO MAKE A CHANGE

1. Kleine verandering, grote impact

Het waren de kleinste dingen waar ik door mijn ouders op geattendeerd werd. Elke keer als ik kauwgom op straat wilde gooien, werd er gezegd: 'Als iedereen hier er zo over denkt liggen alle straten vol met plakkend snoepgoed.' Of tijdens het tandenpoetsen: 'De kraan niet open laten staan, dat is zonde.' Dat soort opmerkingen zijn mij erg bijgebleven en ik heb er tot op de dag van vandaag profijt van. Wat ik hiermee wil zeggen: we kunnen allemaal de Aarde helpen. Met hele kleine handelingen en gewoontes. Elke bewuste keuze is er één.

Met deze praktische tips kun je de planeet heel simpel een handje helpen. Het is een begin, waarna je zult merken dat je steeds meer wil doen. Althans, zo werkt het voor mij.

Check pag. 125-135 voor mijn beautyrecepten.

Op pag. 161-169 vind je mijn favoriete schoonmaakrecepten.

Boodschappentas

Neem altijd je eigen boodschappenzak, -tas of -mand mee. Dit voorkomt een overschot aan plastic tasjes. Je kunt standaard een opvouwbare tas in je handtas meenemen, dan vergeet je hem nooit.

Natuurlijke materialen

Een simpele, maar effectieve manier van duurzaam leven is om te kiezen voor producten die op een milieuvriendelijke manier gemaakt zijn. In mijn huis kom je voornamelijk natuurlijke materialen tegen, zoals duurzaam hout, bamboe, kurk, glas, biologisch katoen, linnen, hennep en soja. Allemaal eco friendly en ik vind het ook nog eens heel mooi.

In de keuken gebruik ik pannen van keramiek, roestvrij staal of gietijzer, en ik probeer plastic en blik te vermijden. In ieder geval kies ik voor BPA-vrij plastic en blik. Wil je nóg een stapje verder gaan? Gebruik dan alleen maar glas, bamboe en roestvrij staal.

Zelf maken

De schoonmaakmiddelen en beautyproducten die ik gebruik zijn altijd ecologisch. Ze zijn biologisch afbreekbaar en belasten daardoor het milieu een stuk minder. Mag het van jou best grondiger? Maak dan je producten zelf, net als ik!

2. No food waste

Ik moest vroeger altijd mijn bord leegeten en eten werd nooit weggegooid. Maar dat was bij ons thuis. Over het algemeen verspillen we ontzettend veel voedsel. Zo ontzettend zonde! Want daarmee verspillen we ook indirect het water, het land en de energie dat nodig waren om het eten te verbouwen. Tijd om hier iets aan te doen, vind ik. Dit zijn mijn tips om voedselverspilling tegen te gaan.

① Controleer altijd de voorraadkast en je koelkast voordat je boodschappen gaat doen. Zo weet je precies wat je wel en niet in huis hebt en koop je niet iets dubbel.

② Maak een boodschappenlijst. Zo zorg je ervoor dat je niet te veel (maar ook niet te weinig) inslaat.

③ Help winkeliers voedselverspilling tegen te gaan door producten te kopen die bijna over datum zijn en die jij op korte termijn kunt gebruiken.

④ Richt je koelkast goed in. Leg alle producten die langer houdbaar zijn achterin en de dingen die binnenkort over datum zijn in het zicht.

⑤ Bewaar je eten door het goed af te sluiten en zorg ervoor dat je overzicht houdt. Ik heb bijvoorbeeld allemaal droge ingrediënten in mooie weckpotten op een plankje in de keuken staan. Ziet er leuk uit en ik gebruik het sneller omdat ik het binnen handbereik is.

⑥ Gebruik je restjes! Ik zie het altijd als een challenge. Hoe maak ik een lekker gerecht van alles wat ik nog in huis heb? In een pastasaus, salade, frittata of curry kun je een hele hoop kwijt. Wat ik daarna nog overhoud, vries ik in.

⑦ Te krom, te dik, te klein... Heel veel groente en fruit wordt verspild vanwege hun 'looks' of door overproductie. Er zijn steeds meer organisaties die voedselverspilling tegen gaan door er heerlijke producten of maaltijden mee te maken. Ik support ze heel graag!

EAT YOUR WASTE!
-
Gft-afval blijkt vaak uit nog eetbare delen van groenten en vruchten te bestaan. Ik schil mijn groenten en fruit bijna niet. Zelfs van zoete aardappels en pompoen laat ik meestal de schil zitten. Ik was het product wel extra goed, eventueel met een schoon sponsje. Wil je toch liever schillen? Ook helemaal goed! Maar doe dan iets met de schillen en afsnijdsels. Je kunt ze kwijt op je composthoop, maar nog leuker: van de schillen van appels en peren kun je bijvoorbeeld chips maken. En wat dacht je van het loof van bospenen? De lichtgroene stengels kun je bakken en verwerken in salades. Ook het groene deel van een prei, de stengel van een broccoli en de bladeren van een bloemkool zijn heel erg lekker.

3. Bzzz...

Insecten, zoals (wilde) bijen en hommels, zijn onmisbaar voor de voedselproductie in de wereld. Ze verzamelen nectar uit bloemen en zorgen daarmee voor de verspreiding van stuifmeel. Door die bestuiving kunnen er steeds nieuwe noten en vruchten gevormd worden. Maar omdat er op akkers altijd dezelfde gewassen worden verbouwd, en omdat we onze tuintjes vol met tegels leggen, doordat er chemische bestrijdingsmiddelen in de landbouw worden gebruikt, het klimaat verandert en het aantal zendmasten toeneemt, is de bijenpopulatie de afgelopen jaren drastisch geslonken. *Not good*. Gelukkig kunnen we ook de bijen een handje helpen.

How to... save the bees!
- Kies planten die bijen aantrekken. Kan ook gewoon op een klein balkonnetje in de stad. Juist daar eigenlijk! Ik kies voor planten die op verschillende momenten in het jaar bloeien, zodat de bij van maart tot en met september voedsel kan vinden. Mijn favorieten: lavendel, zonnebloem, klaproos en margriet, maar ook goudsbloem, korenbloem, boekweit, salie of witte mosterd.
- Gebruik geen chemische bestrijdingsmiddelen. Houd je balkon of tuin gifvrij! Sowieso ook veel gezonder voor jezelf.
- Laat bijen overwinteren in een bijenhotel. [iets meer toelichting volgt nog iets meer toelichting volgt nog iets meer toelichting volgt nog iets meer toelichting volgt nog]
- In het najaar plant ik biologische bij-vriendelijke bollen, zoals sneeuwklokjes, druifjes en krokussen.
- Voor wie een grote tuin heeft: 70% van de bijen nestelt zich in de grond. Zorg dat je in de zomer zanderige plekjes in de zon creëert en gooi in de herfst de gevallen bladeren niet in de gft-bak maar laat ze liggen, want daar schuilen de beestjes graag onder. Bovendien is het goed voor de tuin! Laat ook uitgebloeide stengels staan tot de lente, voor bijen zijn dat fijne plekjes om te overwinteren.

7
-
PLANET

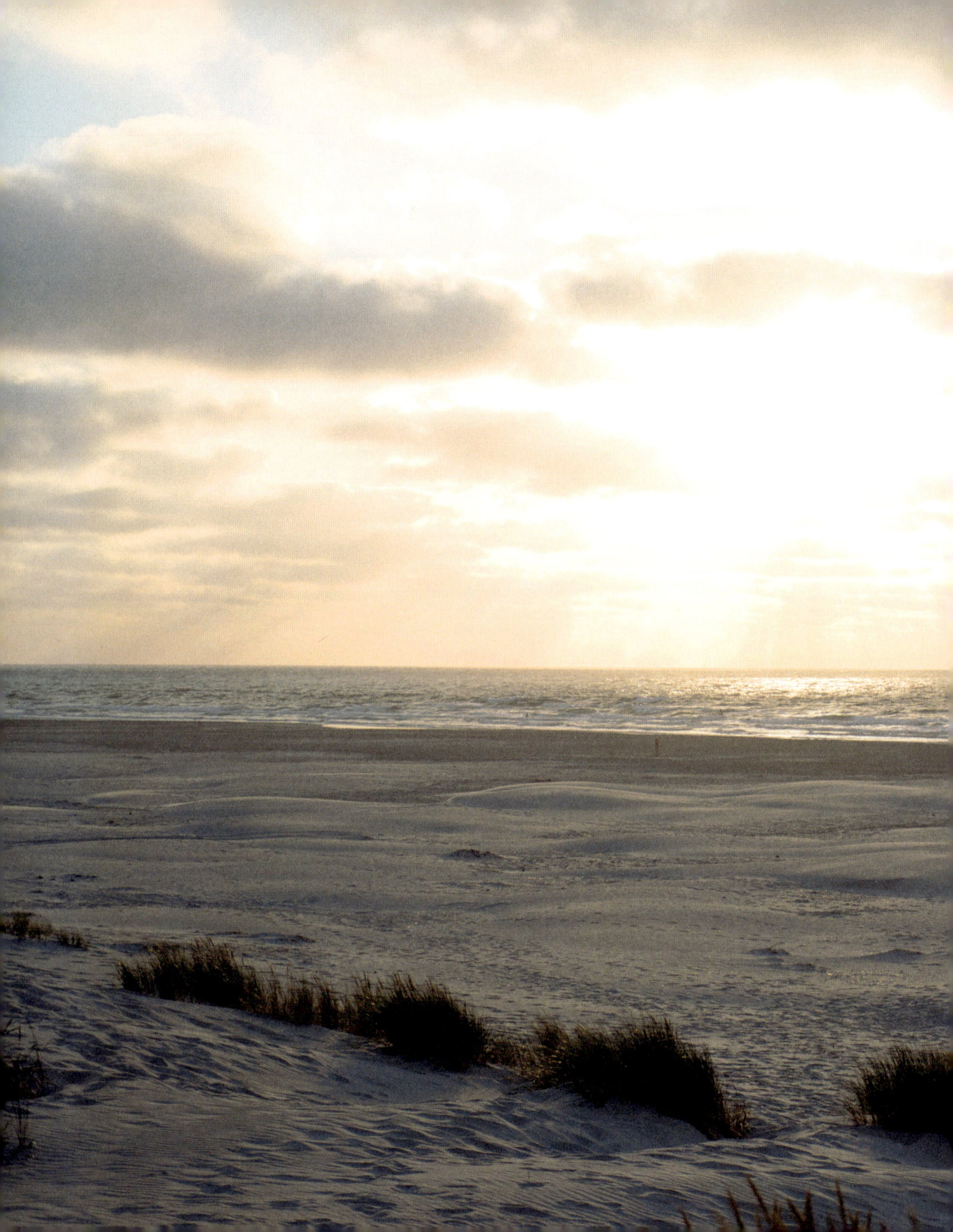

The Earth is what we all have in common.

EASY-PEASY DETOX

Als ik een poosje minder bewust of onregelmatig gegeten heb, trakteer ik mezelf op een simpele detoxweek. Trakteren ja, want het doel is niet om honger te lijden, maar om mijn lichaam rust te gunnen. Ik ruim de keuken op en vermijd een week gluten, soja, vlees, zuivelproducten, cafeïne, alcohol en toegevoegde suikers. Je vindt de recepten voor deze detox op de volgende bladzijden.

PREP

STAP 1
Lees deze detox goed door

STAP 2
Maak een boodschappenlijstje

STAP 3
Haal alle ingrediënten

STAP 4
Prep zoveel mogelijk voordat je gaat beginnen

DAG 1

07:30	Appelazijn-Drink (zie pag. 101)
08:00	Sour Power Smoothie
10:00	1 Truffel (zie pag. 98)
13:00	Bietensoep
15:00	Rijstcracker met notenpasta
18:00	Mac 'n Sweet Potato met shiitake-bacon (zie pag. 85)

DAG 2

07:30	Appelazijn-Drink
08:00	Avocado-chocopudding
13:00	All-veggie Salad - zonder geitenkaas, mayonaise & ahornsiroop
18:00	Quinoasalade

DAG 3

07:30	Appelazijn-Drink
08:00	Avocado-chocopudding
13:00	All-veggie Salad (zie pag. 81) – zonder geitenkaas, mayonaise & ahornsiroop
18:00	Pinda-kokoscurry

DAG 4

07:30	Appelazijn-Drink
08:00	Overnight Blueberry Oats
13:00	Paprikasoep met rijstwafel
18:00	Pinda-kokoscurry

FRUITY WATER (1 LITER)

Belangrijk! Drink de hele dag genoeg water tijdens je detox. Ik zet 's ochtends een grote karaf in het zicht en neem altijd een flesje mee voor onderweg. Als je water saai vindt of het te vaak vergeet: maak er een klein feestje van. Je kunt je water opleuken met lekker fruit en kruiden.

Snijd de ingrediënten in stukjes zodat de bodem van een grote kan bedekt is, en vul met (kraan)water. Stamp eventueel het fruit fijn met een stamper voor een intensere smaak. Wedden dat je de kan met gemak leegdrinkt?

Ik begin mijn dag altijd met een groot glas warm water met het sap van een halve citroen.

CITRUS/GINGER KISS
~ 1 limoen ~ 1 citroen ~ ½ sinaasappel ~ 1 duim gember

MANGO/LIME LOVE
~ ½ mango ~ 1 limoen

FRESH STRAWBERRY FUN
~ 6 aardbeien ~ ½ komkommer

APPLE PIE MOMENT
~ 1 appel ~ 1 kaneelstokje

PINEAPPLE BASIL PARTY
~ 1 handje verse basilicum ~ 2 schijven ananas

DETOX

DAG 5
- 07:30 Appelazijn-Drink
- 08:00 Overnight Blueberry Oats
- 13:00 Quinoasalade
- 18:00 Paprikasoep met een rijstwafel

DAG 6
- 07:30 Appelazijn-Drink
- 08:00 Chiapudding
- 13:00 Spruitjessalade
- 18:00 Groentestoofpotje

DAG 7
- 07:30 Appelazijn-Drink
- 08:00 Groen Monster
- 13:00 Spruitjessalade
- 18:00 Groentestoofpotje

De tijden mag je natuurlijk naar je eigen schema aanpassen, maar let wel op dat er genoeg ruimte tussen de maaltijden zit..

SOUR POWER SMOOTHIE

Ingrediënten (1 glas)
- 1 banaan
- sap van 1 limoen of citroen
- sap van 1 sinaasappel
- 1 tl kaneelpoeder
- 1 tl macapoeder, optioneel
- scheutje haver- of amandeldrank

Benodigdheden
blender

Bereidingstijd: 5 minuten

Bereiding
Blend & Enjoy!

Houdbaarheid
Direct opdrinken of 1 dag in een afgesloten pot of beker in de koelkast.

GROEN MONSTER

Ingrediënten (1 portie)
- 1 citroen
- ¼ komkommer
- 16 g verse gember, geraspt
- 1 avocado, geschild en ontpit
- 100 g babyspinazie
- 2 schijven ananas
- 1 tl spirulina- of chlorellapoeder, optioneel
- 500 ml kokoswater (of plantaardige melkvervanger naar wens)

Benodigdheden
blender

Bereidingstijd: 10 minuten

Bereiding
Pers de citroen uit en mix met de rest van de ingrediënten in een blender tot een romige smoothie.

Houdbaarheid
2 dagen in een luchtdicht afgesloten beker in de koelkast.

OVERNIGHT BLUEBERRY OATS

Ingrediënten (2 porties)
- 300 ml macadamiadrank (of andere plantaardige melkvervanger naar wens)
- 100 g havervlokken
- 2 mespuntjes vanillepoeder, ongezoet
- snufje zeezout
- 2 el kokosrasp
- 100 g blauwe bessen, bevroren
- ahornsiroop, optioneel

Bereidingstijd: 10 minuten
Wachttijd: 1 nacht

Bereiding
Verdeel de 'melk' met de havermout, vanillepoeder, zout en kokosrasp over twee kommetjes en zet die de dag van tevoren in de koelkast. Roer het havermoutmengsel de volgende ochtend kort door. Verwarm in een (steel)pannetje de blauwe bessen. Roer alles goed door totdat ze zacht worden. Verdeel ze over de twee kommetjes en druppel er eventueel wat ahornsiroop overheen. Zo lekker!

Houdbaarheid
2 dagen in een luchtdicht afgesloten bakje in de koelkast.

AVOCADO-CHOCOPUDDING

Ingrediënten (2 porties)
- 2 rijpe avocado's
- 2 Medjouldadels, optioneel
- 2 bananen
- 2 scheutjes haverdrank (of andere plantaardige melkvervanger naar wens)
- 2 el chiazaad
- 4 el cacaopoeder, rauw
- 2 mespuntjes vanillepoeder, ongezoet

Benodigdheden
blender of staafmixer

Bereidingstijd: 10 minuten
Wachttijd: 10 minuten

Bereiding
Ontpit de avocado's en eventueel de dadels. Doe ze samen met de overige ingrediënten behalve het chiazaad in een blender en mix tot een romig mengsel. Schep het over in een kommetje en roer het chiazaad erdoor. Laat het minimaal 10 minuten staan.

Houdbaarheid
2 dagen in een luchtdicht afgesloten bakje in de koelkast of 3 maanden in de vriezer.

Merk je dat je trek hebt? Doe wat extra vers fruit boven op je ontbijtje, zoals frambozen.

CHIAPUDDING

Ingrediënten (1 portie)
- 250 ml amandeldrank, ongezoet
- mespuntje vanillepoeder, ongezoet
- 1 banaan
- 3 el chiazaad

Benodigdheden
blender

Weektijd: min. 4 uur
Wachttijd: min. 4 uur (of 1 nacht)
Bereidingstijd: 10 minuten

Bereiding
Blend amandeldrank, vanillepoeder en de banaan tot een romig geheel. Doe het in een kom en voeg het chiazaad toe. Goed roeren, het zaad moet goed verdeeld zijn. Roer na 10 minuten nog een keer. Zet het vervolgens minimaal 4 uur (of 1 nacht) in de ijskast.

Houdbaarheid
Tot 3 dagen in een luchtdicht afgesloten bakje in de koelkast.

BIETENSOEP

Ingrediënten (ca. ½ liter)
- 3 kleine bieten (ca. 250 g)
- ½ appel
- 1 kleine ui
- 1 teentje knoflook
- ½ tl kaneelpoeder
- handje verse oregano
- snufje zwarte peper

Benodigdheden
blender

Bereidingstijd: 10 minuten
Kooktijd: 40 minuten

Bereiding
Spoel de bieten goed schoon, je hoeft ze niet te schillen. Kook ze in hun geheel in ruim water gaar in ca. 40 minuten. Laat ze afkoelen, haal dan de schil eraf en snijd ze in stukken. Maak de appel, ui en knoflook schoon en snijd in stukken. Doe die in de blender, samen met 800 ml water, de kaneel, oregano en gekookte bieten. Mix tot een gladde soep.

Je kunt de soep natuurlijk ook warm eten. Schenk de soep dan vanuit de blender in een pannetje en verwarm op een laag vuurtje. Laat de soep niet koken.

Houdbaarheid
2 dagen in een luchtdicht afgesloten bakje in de koelkast, of 3 maanden in de vriezer.

PAPRIKASOEP

Ingrediënten (2 liter)
- 3 rode paprika's
- kokosolie, koudgeperst, om in te vetten en te bakken
- 2 rode uien
- 3 teentjes knoflook
- 350 g zoete aardappel
- 60 g tomatenpuree
- 1 tl paprikapoeder, gerookt
- 1 tl verse gember, geraspt
- mespuntje cayennepeper
- ½ tl zwarte peper
- 1 tl zeezout
- handje verse basilicum, optioneel

Benodigdheden
grote soeppan; staafmixer

Bereidingstijd: 60 minuten

Bereiding
Verhit de oven op grillstand op 180°C. Snijd de paprika's in tweeën en verwijder de zaden en zaadlijsten. Vet ze in met olie en leg ze 30 minuten, of totdat sommige delen bruiner zijn geworden, in de voorverwarmde oven. Snijd ondertussen de uien en knoflook in stukjes. Verwarm wat olie in een grote pan en bak hierin de uien totdat ze glazig zijn.

Doe vervolgens de knoflook erbij. Bak 1 minuut mee en schenk dan 1½ liter water in de pan. Rasp de zoete aardappel en doe dat samen met de tomatenpuree, het paprikapoeder, zwarte peper en zout bij het water. Roer goed en laat het 10 minuten zachtjes koken. Haal de paprika's uit de oven, laat ze iets afkoelen en verwijder dan de schil.

Voeg de paprika's aan de soep toe en mix de soep fijn met een staafmixer. Proef of het kruidig genoeg is. Zo niet, voeg dan nog wat kruiden naar smaak toe.

Houdbaarheid
3 dagen in een luchtdicht afgesloten bakje in de koelkast of 3 maanden in de vriezer.

GROENTESTOOFPOTJE

Ingrediënten (2-3 porties)
- 3 teentjes knoflook
- 1 grote rode ui
- 1 courgette
- 1 aubergine, middelgroot
- 2 tomaten, groot
- kokosolie, om te bakken
- 170 g tomatenpuree
- 150 ml water
- 400 g kikkererwten, gekookt (uit pot of zelf gekookt)
- 1 tl kerriepoeder
- zwarte peper naar smaak
- 1 tl zeezout
- 20 g basilicumblaadjes

Bereidingstijd: ca. 30 minuten

Bereiding

Snijd de knoflook, ui, courgette, aubergine en tomaten in kleine stukjes. Verhit een koekenpan op hoog vuur en bak de uien in wat olie glazig. Voeg vervolgens de rest van de groenten toe. Roer goed. Schep de tomatenpuree erbij en laat even meebakken. Schenk na een minuutje te hebben geroerd het water toe. Voeg dan de kikkererwten, kerriepoeder, zwarte peper en zout toe. Laat dit alles 20 minuten op laag vuur pruttelen. Voeg als het te droog wordt wat water toe, maar let op dat het niet te waterig wordt. Knip vervolgens de basilicumblaadjes over het gerecht en dien het op het in diepe kommen. Eet smakelijk!

Houdbaarheid

3 dagen in een luchtdicht afgesloten bakje in de koelkast of 3 maanden in de vriezer.

QUINOASALADE

Ingrediënten (2-3 porties)
- 140 g quinoa, gemengd
- 300 g tempeh
- 1 tl kerriepoeder
- 1½ el tamari (glutenvrije sojasaus)
- kokosolie, koudgeperst, voor het bakken
- 1 kleine rode ui
- 1 courgette
- 1½ teentje knoflook
- 1 el platte peterselie, fijngehakt
- 1 el olijfolie, extra vierge
- 2 tl zeezout
- 1 tl geelwortel
- 1 tl zwarte peper
- sap van een ½ citroen

Bereidingstijd: ca. 25 minuten

Bereiding
Spoel de quinoa af onder de kraan. Breng vier kopjes water aan de kook in een pan en voeg de quinoa toe. Zet het vuur laag en roer na 6 minuten de quinoa even om. Laat dan nog 6 minuten koken. Snijd ondertussen de tempeh in kleine stukjes en marineer het met kerriepoeder, tamari en wat kokosolie. Haal de quinoa van het vuur om te laten afkoelen. Bak de gemarineerde tempeh in wat olie knapperig en laat afkoelen. Snijd de rode ui en de courgette in kleine stukjes, knijp de knoflook fijn en voeg deze met de gebakken tempeh, peterselie en olie toe aan de afgekoelde quinoa. Breng de salade op smaak met zout, geelwortel en zwarte peper, en besprenkel met een beetje citroensap.

Houdbaarheid
2-3 dagen in een luchtdicht afgesloten bakje in de koelkast of 3 maanden in de vriezer.

SPRUITJESSALADE

Ingrediënten (2-3 porties)
- 140 g quinoa, gemengd
- 200 g spruitjes
- 1 appel
- 150 g champignons
- 2 sjalotten
- 2 el ghee of (kokos)olie om in te bakken
- handje pecannoten
- handje gedroogde cranberry's
- mespuntje cayennepeper
- snufje zeezout, naar wens
- ¼ tl zwarte peper, gemalen

Dressing
- 1 el (vegan) mayonaise
- 1 el olijfolie, extra vierge
- sap van 1 citroen
- 1 tl mosterd

Benodigdheden
rasp of keukenmachine

Bereidingstijd: ca. 35 minuten

Bereiding
Spoel de quinoa, spruitjes en appel af onder de kraan. Borstel de champignons schoon. Breng water aan de kook in een pan en voeg de quinoa toe. Zet het vuur laag en roer na 6 minuten de quinoa even om. Laat dan nog 6 minuten koken en giet de quinoa af.
Snijd de sjalotten in ringen en de appel en champignons in stukjes. Verhit 1 eetlepel ghee (of kokosolie) in een (koeken)pan op hoog vuur. Frituur de dunne sjalotringen totdat ze crispy en donker zijn (niet zwart). Laat ze uitlekken en gebruik de rest van de ghee om de champignons 6 minuten te bakken. Rasp de spruitjes. Ik heb een rasp gebruikt maar je kunt het ook even in de keukenmachine doen.
Roer alle ingrediënten voor de dressing in een kommetje goed door elkaar.
Doe de dressing met alle andere ingrediënten in een kom, hussel door elkaar, serveer en geniet! Je kunt de spruitjessalade zowel lauw als koud eten.

Houdbaarheid
3 dagen in een luchtdicht afgesloten bakje in de koelkast.

PINDA-KOKOSCURRY

Ingrediënten (2-3 porties)
- 15 g verse gember, geschild
- 1 ui, groot
- 3 teentjes knoflook
- 1 el kokosolie of ghee
- 1 tl geelwortelpoeder
- 1 tl zeezout
- 2 tl garam masala
- 2 mespuntjes cayennepeper
- 450 ml kokosmelk
- 4 el pindakaas, liefst biologisch
- 1 broccoli, middelgroot
- 1 (rode) paprika
- 1 grote wortel (ca. 200 g)
- 450 g kikkererwten, gekookt (uit pot of zelf gekookt) uitlekgewicht
- handje koriander, vers
- 1 limoen

Bereidingstijd: ca. 30 minuten

Bereiding
Rasp de gember. Snijd de ui en de knoflookteentjes in kleine stukjes. Verhit de olie of ghee in een pan en bak hierin de ui zachtjes aan. Voeg vervolgens de geraspte gember, knoflook, geelwortel, zout, garam masala en cayennepeper toe en roerbak een minuutje mee. Doe vervolgens de kokosmelk en pindakaas erbij en roer alles nogmaals goed door elkaar.

Snijd de broccoli en paprika in kleine stukjes en rasp de wortel. Voeg dit met de kikkererwten bij het kokosmengsel en laat het in een afgesloten pan 10 minuten zachtjes sudderen..

Verdeel het over 2 à 3 bowls, garneer met koriander en knijp er per bowl een kwart limoen boven uit.

Houdbaarheid
3 dagen in een luchtdicht afgesloten bakje in de koelkast of 3 maanden in de vriezer.

CLEANSE
À LA RENS

Eens in de zoveel tijd pak ik het grondiger aan. Dan zorg ik dat ik drie dagen alleen maar voedzame sapjes drink. Deze detox helpt mijn lichaam om zich van oude afvalstoffen te ontdoen en geeft mijn spijsverteringsstelsel even wat rust. Bovendien is het goed voor mijn *mind*, mijn focus, mijn huid én ik krijg er een enorme *energy boost* van.

Aan de slag? Zorg dat je je goed voorbereidt. Probeer ruim twee dagen van tevoren te beginnen met licht verteerbaar voedsel. Eet de dag voor de kuur het liefst alleen groenten en fruit, zodat je lichaam zich klaarmaakt voor wat gaat komen. Je mag naast de sapjes ook lekker veel water en kruidenthee drinken, maar liever geen groene of zwarte thee omdat daar cafeïne in zit.

Belangrijk: Ben je zwanger, geef je borstvoeding, heb je een eetstoornis, ondergewicht of gezondheidsproblemen? Dan raad ik je af om een detox te doen.

Boodschappenlijstje

- 6 citroenen
- 3 bieten
- 1 ananas
- 9 wortels
- 200 g spinazie
- 200 g boerenkool
- 200 g gember
- 3 sinaasappels
- 2 komkommers
- 3 limoenen
- 5 venkelknollen
- 6 appels
- 9 stengels bleekselderij
- 2 pastinaken
- bosje munt
- cayennepeper
- 100 g psylliumvezels

08:00
Get Your Juice On
(300 ml)

09:00
1 groot glas water
(250 ml)

10:00
Shot of Joy
(ca. 300 ml)

11:00
1 groot glas water
(250 ml)

12:00
Juicy Lucy
(ca. 300 ml)

13:00
1 groot glas water
(250 ml)

14:00
Belly Booster
(300 ml)

15:00
1 groot glas water
(250 ml)

16:00
Hottie
(300 ml)

17:00
1 groot glas water
(250 ml)

18:00
Drink Your Salad
(300 ml)

19:00
1 groot glas water
(250 ml)

20:00
Feel Good Drink
(zonder honing)

Drie dagen aan de sapjes? Ik zet dan alvast twaalf glazen flesjes van 300 ml (die verzamel ik het hele jaar door) klaar in de koelkast.

Get Your Juice On

~ 1 citroen ~ 1 kleine biet ~ 1 schijf ananas ~ 2 wortels ~ 2 handjes boerenkool of spinazie ~ ½ duim verse gember ~ 1 el psylliumvezels. Superboost: ~ 1 tl chlorellapoeder – voor extra energie en reiniging

Pers de citroen. Snijd de rest van de ingrediënten in stukjes en pers deze in de juicer. Schenk al het sap in een blender en voeg de vezels en eventueel de superboost toe. Nog even kort mixen en klaar.

Shot of Joy

~ 1 sinaasappel ~ ½ citroen ~ 1 middelgrote wortel ~ ½ komkommer ~ 1 schijf ananas ~ 1 grote handvol spinazie ~ mespuntje cayennepeper

Pel de sinaasappel en citroen en snijd samen met de rest van de ingredienten in stukjes. Doe ze in de juicer. Schenk het sap in een fles, doe er een mespuntje cayennepeper bij en schud.

Juicy Lucy

~ ½ limoen ~ ½ venkelknol ~ 1 appel ~ 100 ml puur kokoswater ~ 1 tl geelwortelpoeder ~ ½ tl kaneelpoeder

Pel de halve limoen en snijd samen met wortel, appel en gember in stukjes en doe het in de juicer. Schenk het sap in de blender, doe alle andere ingredienten erbij en mixen maar!

Belly Booster

~ ½ citroen ~ ½ venkelknol ~ 1 appel ~ ½ duim verse gember ~ 3 stengels bleekselderij ~ ½ tl cayennepeper

Pers alle ingrediënten behalve de cayennepeper in de juicer. Doe het sap in een fles of glas, roer de peper erdoor.

Hottie

~ ½ komkommer ~ 1 appel ~ ½ duim verse gember ~ 3 stengels selderij ~ ½ tl cayennepeper

Pers alle ingrediënten behalve de cayennepeper in de sapcentrifuge of slowjuicer. Doe het sap in een flesje of glas en roer de peper erdoor.

DETOX

Drink Your Salad

~ ½ limoen ~ 1 middelgrote wortel ~ ½ venkelknol ~ ½ pastinaak ~ 1 appel ~ handvol verse munt

Schil de limoen en snijd het samen met de andere ingrediënten fijn. Pers alles in de juicer. Cheers!

Feel Good Drink

~ ½ tl geelwortel (kurkuma) ~ 2 cm verse gember, geraspt of ½ tl gemberpoeder ~ 1 tl honing ~ 1 theezakje kamille ~ sap van ½ citroen ~ mespuntje zwarte peper

Doe de geelwortel, gember, honing, kamillethee en citroensap in een grote mok en schenk daar warm (niet kokend) water overheen.

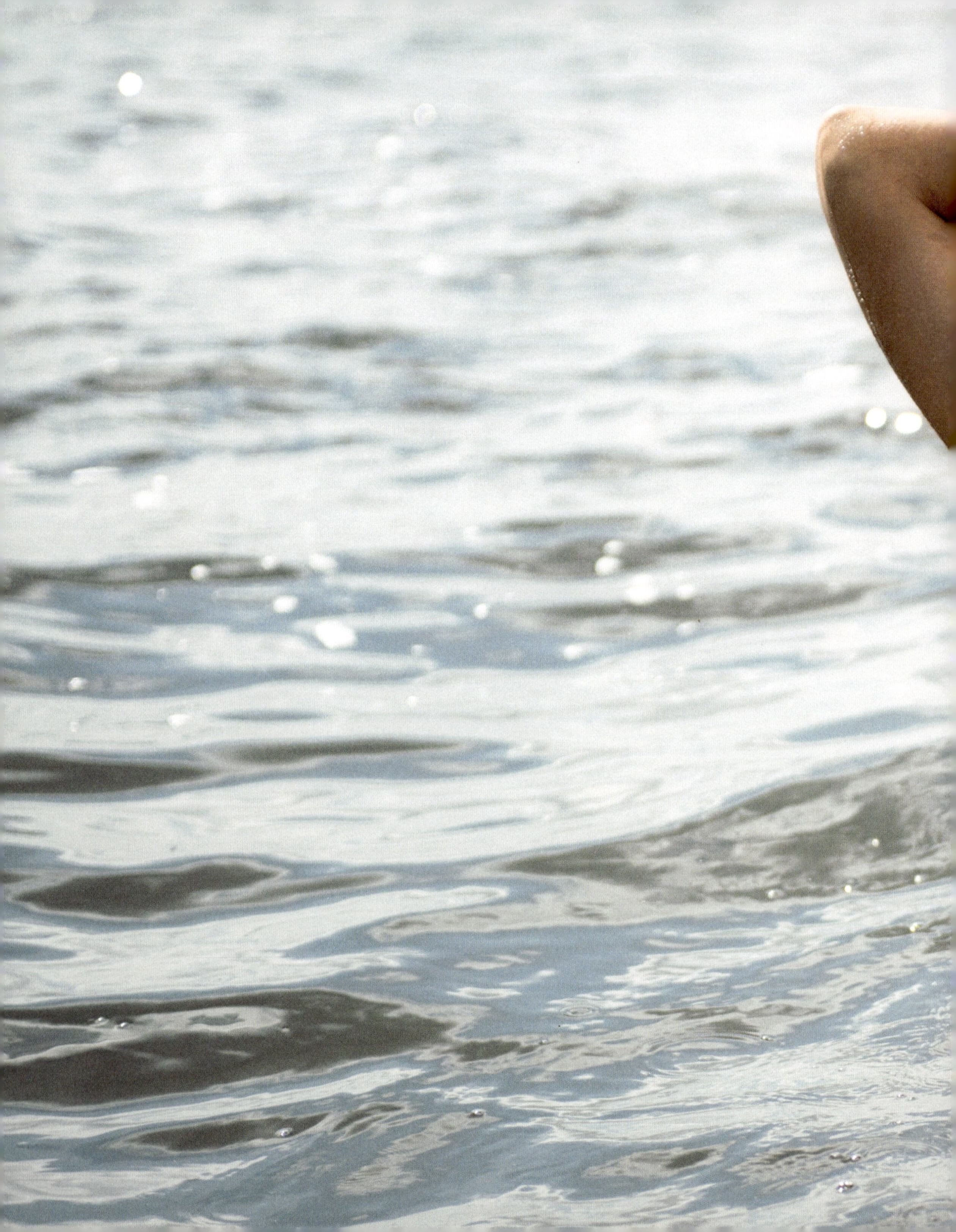

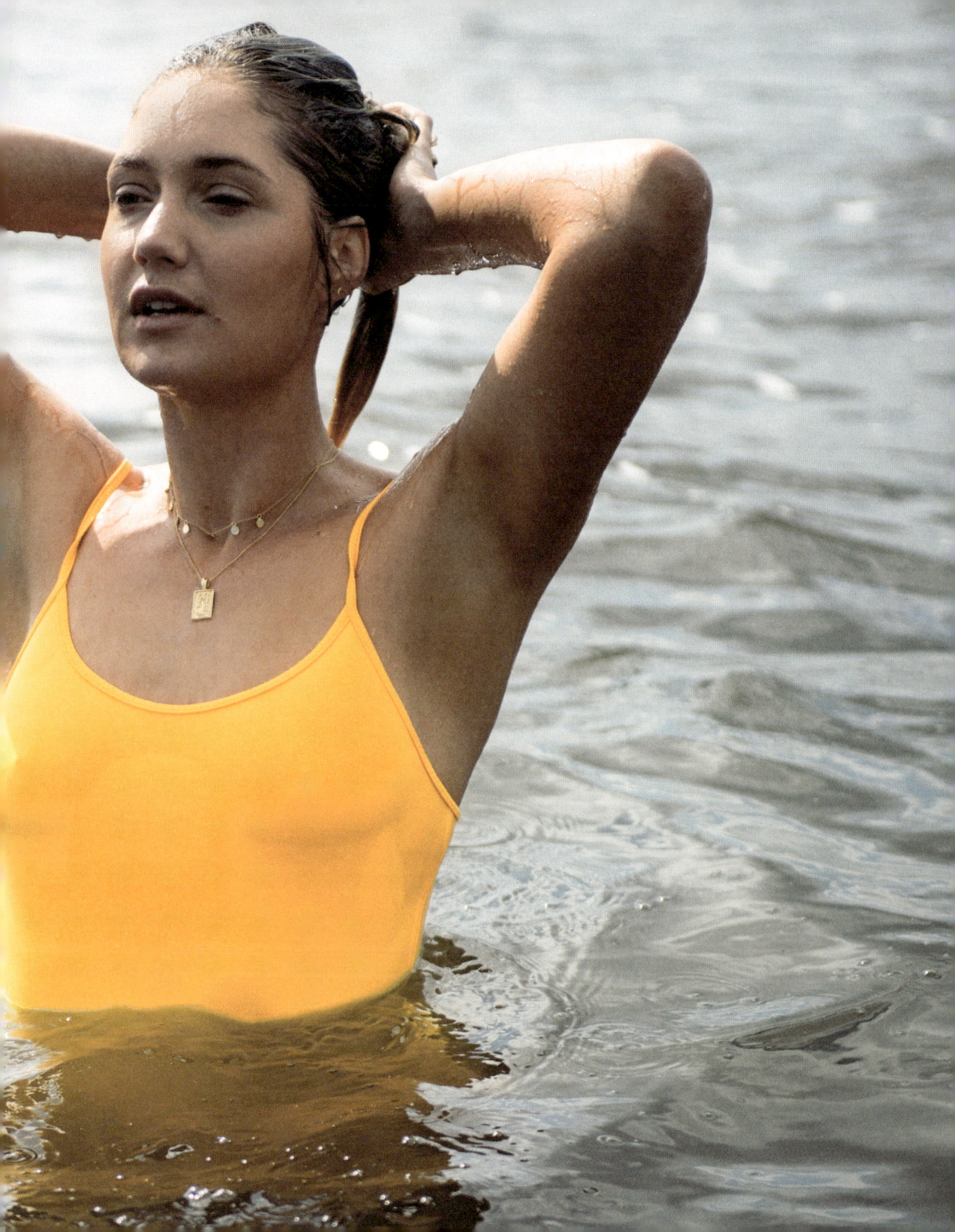

REGISTER

FOOD RECEPTEN

Aardbeien
- Fresh Strawberry fun — 189
- Strawberry cheesecake — 92

All-veggie Salad — 81

Amandeldrank
- Bloemkoolbrekkie — 67
- Chiapudding — 192
- Lavendel latte — 105

Amandelen
- Strawberry cheesecake — 92

Amandelmeel
- Cherrytomatentaart — 78
- Chocolate chip cookies — 91
- Eierkoeken met dadelvulling — 89

Ananas
- Get Your Juice On — 201
- Groen Monster — 190
- Pineapple Basil Party — 189
- Shot of Joy — 201

Appel
- Apple muffins — 95
- Apple Pie Moment — 189
- Belly Booster — 201
- Bietensoep — 192
- Drink Your Salad — 201
- Haverkoeken — 97
- Hottie — 201
- Juicy Lucy — 201

Appelazijn-Drink — 101
Apple muffins — 95
Apple Pie Moment — 189

Aubergine
- Groentestoofpotje — 194

Avocado
- All-veggie Salad — 81
- Avocado-chocopudding — 191
- Groen Monster — 190
- Workout Shake — 150

Banaan
- Avocado-chocopudding — 191
- Chiapudding — 192
- Sour Power Smoothie — 190

Belly Booster — 201

Biet
- Bietensoep — 192
- Get Your Juice On — 201

Bietensoep — 192

Blauwe bessen
- Overnight Blueberry Oats — 191
- Workout Shake — 150

Bleekselderij
- Belly Booster — 201
- Hottie — 201

Bloemkool
- Bloemkoolbrekkie — 67
- Piccalilly — 75

Bloemkoolbrekkie — 67

Broccoli
- Piccalilly — 75

- Pinda-kokoscurry — 197

Brood
- Broodjes — 74
- De ultieme tosti — 77

Broodjes — 74

Cacaopoeder
- Avocado-chocopudding — 191

Cashewnoten
- Cashew-knoflooksaus — 86
- Cherrytomatentaart — 78
- Mac 'n Sweet Potato met shiitake-bacon — 85
- Megatruffels — 98
- Overnight Chia Kickstart — 68
- Strawberry cheesecake — 92

Cashew-knoflooksaus — 86

CBD-olie
- Lavendel latte — 105
- Megatruffels — 98

Cheesecake, Strawberry — 92
Cherrytomatentaart — 78
Chiapudding — 192

Chlorellapoeder
- Get Your Juice On — 201
- Groen Monster — 190

Chocolade
- Chocolate chip cookies — 91

Chocolate chip cookies — 91

Citroen
- Belly Booster — 201
- Citrus/ginger kiss — 189
- Feelgood drink — 201
- Get Your Juice On — 201
- Groen Monster — 190
- Power juice — 101
- Shot of Joy — 201
- Sour Power Smoothie — 190

Citrus/ginger kiss — 189

Courgette
- Groentestoofpotje — 194
- Quinoasalade — 195

Cranberry's
- Haverkoeken — 97

Dadel
- Avocado-chocopudding — 191
- Chocolate chip cookies — 91
- Eierkoeken met dadelvulling — 89
- Megatruffels — 98
- Strawberry cheesecake — 92
- Workout Shake — 150

Dressing — 81
Eierkoeken met dadelvulling — 89
Fresh Strawberry fun — 189
Fruitwater — 189

Gember
- Belly Booster — 201
- Citrus/ginger kiss — 189
- Feelgood drink — 201
- Get Your Juice On — 201
- Groen Monster — 190
- Pinda-kokoscurry — 197

- Power juice — 101

Grapefruit
- Power juice — 101

Groen Monster — 190
Groentestoofpotje — 194

Haverdrank
- Overnight Chia Kickstart — 68
- Broodjes — 74

Haverkoeken — 97

Havermeel
- Chocolate chip cookies — 91

Havervlokken
- Haverkoeken — 97
- Overnight Blueberry Oats — 191
- Overnight Chia Kickstart — 68

Hibiscus-ijsthee — 105
Hottie — 201
Hummus met zongedroogde tomaten — 82

Kikkererwten
- Groentestoofpotje — 194
- Hummus met zongedroogde tomaten — 82
- Pinda-kokoscurry — 197
- Tempehburger — 86

Koffietje — 102

Kokos
- Eierkoeken met dadelvulling — 89
- Megatruffels — 98
- Overnight Blueberry Oats — 191
- Strawberry cheesecake — 92

Komkommer
- Fresh Strawberry fun — 189
- Hottie — 201

Lavendel latte — 105

Limoen
- Citrus/ginger kiss — 189
- Drink Your Salad — 201
- Hibiscus-ijsthee — 105
- Juicy Lucy — 201
- Mango/Lime love — 189

Macadamiadrank
- Overnight Blueberry Oats — 191

Macapoeder
- Sour Power Smoothie — 190

Macaroni
- Mac 'n Sweet Potato met shiitake-bacon — 85

Mac 'n Sweet Potato met shiitake-bacon — 85
Mango/Lime love — 189
Mayonaise — 77

MCT-olie
- Koffietje — 102

Megatruffels — 98
Muffin, Apple — 95
Nighty-night tea — 38
Overnight Blueberry Oats — 191
Overnight Chia Kickstart — 68

Paddenstoelen
- All-veggie Salad — 81

REGISTER

- De ultieme tosti 77
Shiitake-bacon 85
- Spruitjessalade 196
Paprika
- Paprikasoep 193
- Piccalilly 75
- Pinda-kokoscurry 197
- Rice & Beans Bowl 151
Paprikasoep 193
Piccalilly 75
Pinda-kokoscurry 197
Pineapple Basil Party 189
Pompoen
- Pumpkin bowl 71
Pompoenpitten
- Megatruffels 98
Power juice 101
Psylliumvezels
- Broodjes 74
- Get Your Juice On 201
Pumpkin bowl 71
Quinoa
- All-veggie Salad 81
- Quinoasalade 195
- Spruitjessalade 196
Rice & Beans Bowl 151
Romainesla
- All-veggie Salad 81
Salade
- All-veggie Salad 81
- Spruitjessalade 196
- Quinoasalade 195
Shiitake-bacon 85
Shot of Joy 201
Sinaasappel
- Power juice 101
- Shot of Joy 201
- Sour Power Smoothie 190
Smoothie
- Bloemkoolbrekkie 67
- Sour Power Smoothie 190
- Workout Shake 150

Sour Power Smoothie 190
Speltmeel
- Apple muffins 95
- Haverkoeken 97
Spinazie
- Get Your Juice On 201
- Groen Monster 190
- Shot of Joy 201
Spirulinapoeder
- Groen Monster 190
- Workout Shake 150
Spruitjessalade 196
Strawberry cheesecake 92
Tempeh
- Quinoasalade 195
- Tempehburger 86
Tempehburger 86
Tomaat
- Cherrytomatentaart 78
- Groentestoofpotje 194
- Hummus met zongedroogde tomaten 82
Tosti, de ultieme 77
Venkel
- Belly Booster 201
- Drink Your Salad 201
- Juicy Lucy 201
Workout Shake 150
Wortel
- Drink Your Salad 201
- Piccalilly 75
- Pinda-kokoscurry 197
- Shot of Joy 201
- Tempehburger 86
Zoete aardappel
- Mac 'n Sweet Potato met shiitake-bacon 85
- Paprikasoep 193
Zonnebloempitten
- Megatruffels 98
Zwarte bonen
- Rice & Beans Bowl 151

ONTBIJT
Avocado-chocopudding 191
Bloemkoolbrekkie 67
Chiapudding 192
Overnight Blueberry Oats 191
Overnight Chia Kickstart 68
Pumpkin bowl 71

LUNCH & DINER
All-veggie Salad 81
Avocado-chocopudding 191
Bietensoep 192
Broodjes 74
Cherrytomatentaart 78
De ultieme tosti 77
Groentestoofpotje 194
Hummus met zongedroogde tomaten 82
Mac 'n Sweet Potato met shiitake-bacon 85
Paprikasoep 193
Piccalilly 75
Pinda-kokoscurry 197
Quinoasalade 195
Rice & Beans Bowl 151
Spruitjessalade 196
Tempehburger 86

SWEETS & SNACKS
Apple muffins 95
Chocolate chip cookies 91
Citrus/ginger kiss 189
Eierkoeken met dadelvulling 89
Haverkoeken 97
Megatruffels 98
Strawberry cheesecake 92

DRINKS
Appelazijn-Drink 101
Apple Pie Moment 189
Belly Booster 201
Drink Your Salad 201
Feelgood drink 201
Fresh Strawberry fun 189
Get Your Juice On 201
Groen Monster 190
Hibiscus-ijsthee 105
Hottie 201
Juicy Lucy 201
Koffietje 102
Lavendel latte 105
Mango/Lime love 189
Nighty-night tea 38
Pineapple Basil Party 189
Power juice 101
Shot of Joy 201
Sour Power Smoothie 190

BEAUTY- EN SCHOONMAAKRECEPTEN

Body
- Badzout 131
- Bedtime Bodybalm 132
- Body oil 135
- Body Wash 132
- Deodorant 131
Face & Hair
- Gezichtsmasker 128
- Haarmasker 128
Scrubs
- Coffee Scrub 127
- Matcha Scrub 127

Huisparfums
- Energy Oil 169
- Calm Down 169
- Fresh Air 169
Schoonmaakmiddelen
- Allesreiniger 161
- Afwasmiddel 165
- Vaatwastabletten 165
- Wasmiddel 162
- Wassen met wasnoten 162
- WC-spray 166

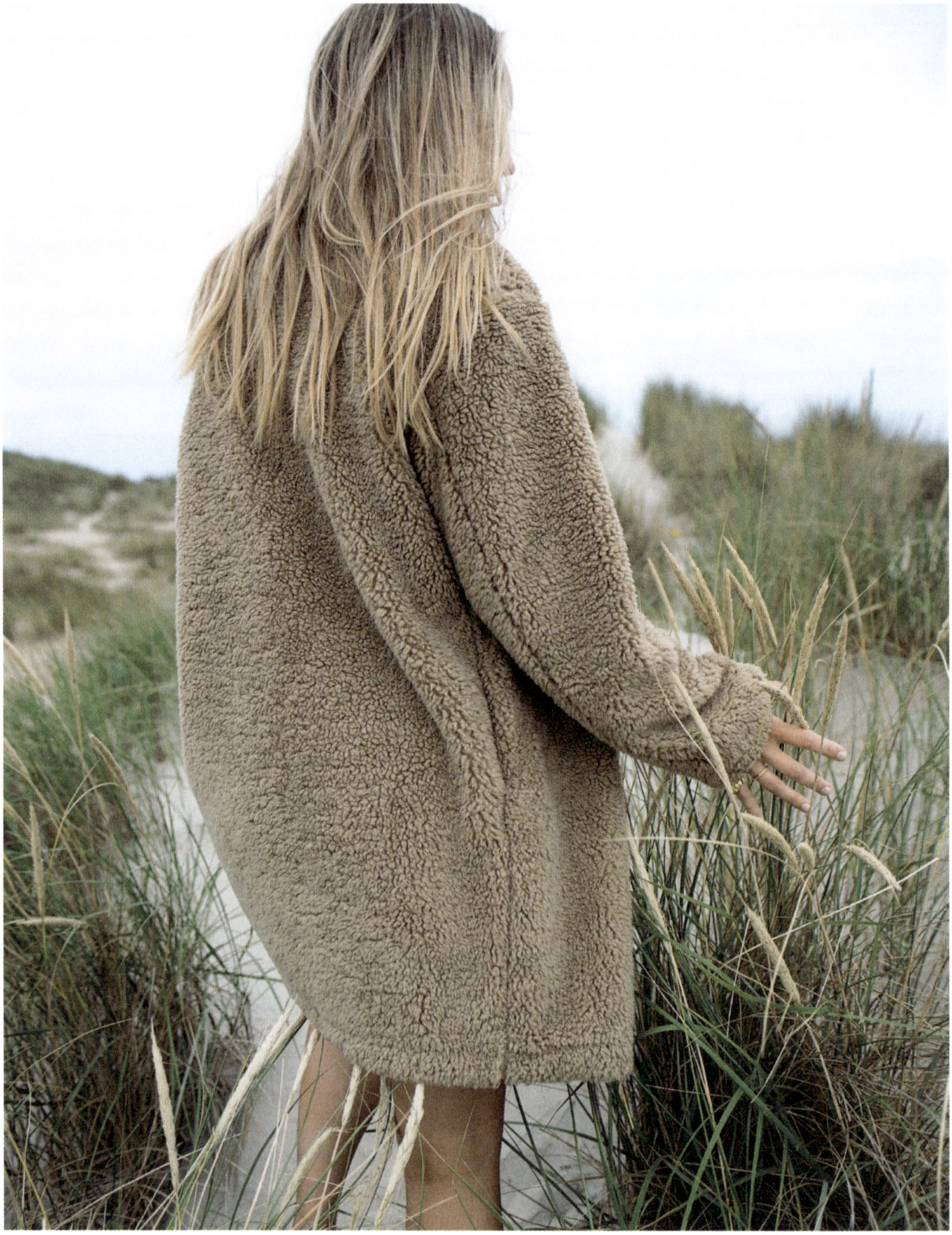

DANKBAAR

Dit boek is precies geworden zoals ik voor ogen had. Ik wilde zo graag laten zien dat een *'happy & healthy lifestyle'* over meer gaat dan alleen voeding. Dat bewust en gebalanceerd leven simpel kan zijn. Én ik wilde graag uitleggen hoe ik tot deze levensstijl ben gekomen. *Et voilà*, het staat er! Het boek en mijn verhaal staan als een huis. Ik ben er heel erg trots op, maar ik had dit zeker niet alleen kunnen doen.

Want voordat ik begon, wist ik niet hoe moeilijk het zou zijn om dit alles goed op papier te krijgen. Ik heb dagenlang naar mijn scherm gestaard, omdat ik opeens niet meer wist waar ik moest beginnen. Gelukkig was daar zoals altijd mijn Powerteam, dat zich wéér heeft overtroffen.

Ik moét gewoon beginnen met **Tanja**. Mijn heldin! Je snapt mij, je begrijpt wat ik wil vertellen. Je hebt het talent om iemand door middel van tekst in z'n kracht te laten staan. Je luistert, je voelt, je weet en ondersteunt. *Editor next level*, bedankt dat je bent wie je bent.

En dan is er nog zo een: **Bülent**. De beste art director *in the world*. Maar echt. We hebben nu vijf boeken gemaakt en ik heb nog steeds geen genoeg van jou. *You shine*, je geeft het team licht. Tijdens shoots en meetings fleur jij de boel op, en dat voel ik ook in dit boek. Ik vertrouw je 100% en je bent nog niet van me af ;)

Mem en heit, tank foar de basis dy't jimme my jûn ha. In grut part fan wa't ik no bin komt fuort út myn jeugd. Ik bin sterker en wizer wurden en haw betrouwen yn mysels. Jim ha my leard dat it altyd better kin. En dat ik altyd krityk bliuwe moat. Tankewol foar wat jimme my en Dout meijûn ha. Ik sil dêr altyd tankber foar bliuwe.

Sid, *you are my life. Thank you for sticking by my side through thick and thin.*

Oh my, en dan team **Liselore**, **Suzanne**, **Linda** en **Sandra**. Wat is het heerlijk om te werken met een team waartegen je niet veel hoeft te zeggen, en het resultaat gewoon klopt. De sfeer op de beelden is precies waar ik van droomde. *You girls rock!*

En wow, we zijn weer buiten onze *comfort zone* getreden, **Cameron studio**. Door mijn meer ervaren - en dus iets kritischere ;) - blik, hebben we er wat langer over gedaan, maar het is zoals altijd weer prachtig geworden. **Pim**, **Lieke** en **Yvonne**, heel veel dank!

"Je wilt een lifestyleboek maken? Oké, *let's go*," was ongeveer de reactie van uitgeverij **Unieboek | Het Spectrum** toen dit idee ontstond. Dankjewel dat jullie in mij geloven! Special thanks to **Jantine**, **Marjan** en **Mariska**. Hoewel deze uitdaging wat pittiger was dan mijn vorige boeken en het nog nooit zo spannend was of we de deadline zouden halen, is het allemaal goed gekomen.

And for the one and only **@powerfoodies**! Dit keer draait het niet alleen maar om *food*, maar neem ik het iets ruimer. Het is erg spannend voor mij, maar dankzij jullie support blijf ik met mijn voeten op de grond. Jullie zijn de reden dat ik me blijf inzetten voor mijn missie.

Thank you with all my heart!

Liefs, Rens

Mijn favoriete familiekiekjes

Boerderij van pake en beppe (1970)

Heit tussen de aardappelen (1983)

Zwangere mem plukt kruiden voor thee (1984)

Genieten van een bord havermout (1988)

Voor ons landhuisje in Eastermar met mem & Doutzen (1990)

Pake in de moestuin met witlof (1984)

Schaatsen op houtsjes op het meer met heit en Doutzen (1998)

Beppe in haar kruidentuin (1996)